가야왕조실록

차례
Contents

일러두기 · 이 책에 표기된 연도 중 기원전이 아닌 연도는 편의상 '서기'를 생략했다.
· 이 책의 날짜는 모두 음력이다.

들어가며

가야(伽倻)는 그동안 '신비의 왕국' 또는 '잊힌 왕국'이라는 식으로 포장되는 경향이 있었다. 고구려·백제·신라 같은 나라들에 비해 가야만이 특별한 신비를 가지고 있었다는 발상은 아닐 것이다. 그럼에도 불구하고 현실적으로 많은 사람들이 가야에 대해 신비감을 느끼고 있다.

이유는 사실 엉뚱한 데서 생겨났다. 가야라는 나라가 분명히 존재했음에도 불구하고 그동안 대중적으로 알려진 내용이 별로 없었다. 하다못해 드라마 같은 것에서만 하더라도 고구려·백제·신라에 비해 거의 다루어지지 않는 경향이 있었다. '잃어버린 왕국'이라는 말이 나온 것은 그만큼 알려진 역사가 없기 때문이라고 할 수 있다. 20년 전쯤부터 가야에 대해 조명하려는 움직임이 일어난 것도 그동안 잊혀왔던 역사를 발굴·복원해보려는 노력 중 하나다.

이와 같이 소홀하게 다루어져왔던 가야 역사에 대해 조명해보자는 것에 대해서야 불만 가질 게 없다. 하지만 이후 이어진 연구 성과나 저서 중에는 기대를 저버리는 주장을 내놓는 경우가 많은 듯하다.

이른바 '사국시대론(四國時代論)'이라는 주장이 그러한 사례라 할 수 있다. 그러한 발상은 가야가 독립 세력으로 존재했음에도 불구하고 무엇 때문에 '삼국시대(三國時代)'라고 부르면서 나라로 쳐주지 않느냐는 불만에서 나왔다고 할 수 있다. 같은 맥락에서, 그렇다면 최소한 4세기 중엽까지 존속했던 마한(馬韓) 역시 나라로 쳐야 할 것 아니냐면서 『오국사기(五國史記)』라는 책이 나오기조차 했다.

얼핏 보기에 상당히 신선한 주장으로 보일지 모르겠다. 그런데 다른 전문가들이라고 '나라 숫자 셀 줄 몰라서' 이런 발상을 하지 않은 것이 아니다. 나라 숫자에 따라 시대를 구분하자고 들면 몇십 년도 안 되어 시대가 바뀌어버린다.

'사국시대론' 주장대로 한국 고대사의 시대구분을 하자면 왕국 하나가 생기고 없어질 때마다 숫자놀음을 해야 한다. 예를 들어 마한을 넣어야 할 것 아니냐고 하면 진한(辰韓)과 변한(弁韓)은 어쩔 거냐는 시비 역시 가려야 한다. 또 가야는 10여 개의 독립된 소국으로 구성되었는데, 무엇 때문에 하나의 나라였던 것처럼 세느냐고 시비를 걸 수도 있다.

물론 이런 시비는 말장난 이상의 의미가 있을지 의문이다. 이러한 시비를 유도하는 '사국시대론' 같은 주장은 가야사와 함께 한국 고대사를 체계적으로 복원하는 것이 아니라, 그렇지 않아도 제대로 알려진 내용이 많지 않은 가야 역사에 더욱 심한 혼선만 빚을 뿐이다.

역사학에서 시대구분을 하는 이유는 어떤 시대가 앞이나 뒤 시대에 비해 확실히 구별되는 특징을 보여주기 위해서다. 그래서 단순한 왕조 변화를 기준으로 한 시대구분은 '가장 쉬운 동시에 가장 천박한 것'으로 친다. 여기에 나라 숫자까지 덧붙여 몇십 년 단위로 시대를 구분하자는 주장은 혼선 이상의 의미를 가지지 못한다.

또 한 가지 '가야인의 시각에서 쓰인 역사만이 진정한 가야사'라는 주장도 비슷한 맥락이다. 이런 주장은 대개 뒤집어 보면 간단하게 문제가 드러난다. 예를 들어 38선 획정 같은 한반도의 분단 문제는 한국 사람들의 손으로 이루어진 것이 아니다. 그러니 '한국 사람의 시각에서 쓰인' 기록을 아무리 뒤져봤자 분단의 근본 원인을 밝혀주는 이야기가 나올 턱이 없다. 여기에 대해 알고 싶으면 미국과 소련의 기록을 뒤져야 한다. 그렇다고 해서 미국과 소련의 손에서 분단 문제가 결정되었고 그들의 기록에만 남아 있으니 38선 획정 같은 분단 문제는 한국사가 아닐까?

고대사라고 다를 것은 없다. 고구려와 백제의 역사만 하더라도 『삼국사기』에 1인칭으로 쓰여 있어 마치 고구려나 백제 사람들 관점에서 쓴 것처럼 착각하게 만들고 있을 뿐, 실제 고구려와 백제 사람들의 시각에서 남긴 기록에 의지한 경우는 많지 않다.

하물며 가야에는 그런 기록조차 별로 없다. 일부 설화를 제외하고는 다른 나라들이 가야와 얽혀 일어난 사건에 대해 언급하면서 남은 기록이 대부분이다. 그러니 역사학의 근본 한계를 무시하자는 뜻이 아닌 한, '가야인의 시각에서 쓰인 역사만이 진정한 가야사'라는 말은 애초부터 성립할 여지가 없다.

물론 가야 역사를 찾아 조명하는 일이 부질없다는 것은 아니다. 자신들이 손으로 남긴 기록이 없고, 그나마 남아 있는 기록마저 많지 않다고 해서 의미 없는 역사는 아닌 것이다. 오히려 그런 역사일수록 중요한 의미를 숨겨놓고 있는 경우가 많다.

가야 역사가 전형적인 경우라 할 수 있다. 가야가 존속하던 시대는 활발하게 정복전쟁이 일어난 이른바 '정복국가'

시대였다. 이런 시대는 통일국가를 이루고 난 이후의 시대보다 훨씬 역동적이다. 역동적인 시대에는 서로의 관계 또한 활발해질 수밖에 없다. 다른 나라 시각이라고는 하지만 이 관계에 대한 기록은 남아 있다. 이 기록들을 통해 가야 역사를 들여다 볼 수 있는 것이다.

이런 상황에서 오히려 주변 나라들이 한두 번쯤 손을 뻗쳐본 가야 같은 약소국의 역사를 들추어보면 숨겨져 있던 당시 역사의 전체 윤곽이 드러나는 경우가 있다. 한국 현대사를 보면 미국이나 소련 같은 초강대국의 세계전략이 한눈에 들어오는 것이 비슷한 맥락일 것이다. 이것이 가야 역사에 대해 한번 정리해봐야 할 이유일 것이다.

'임나(任那)' 그리고 '일본부(日本府)'라는 것 역시 가야를 두고 주변 세력들이 각축을 벌이는 과정에서 생겨난 것이다. 그래서 가야 역사는 어쩔 수 없이 주변 세력의 움직임을 통해 보아야 한다. 아울러 가야를 중심으로 보면 역으로 고구려·백제·신라는 물론 왜까지 복잡하게 얽힌 국제관계를 이해할 수 있다. 이것이 바로 '사국시대론'이니 '가야인의 시각에서 쓰는 역사'니 하는 현혹에서 벗어나야 하는 이유다.

가야 역사의 시작과 시조

가야 역사의 특징

고구려·백제·신라와 다른 가야의 특징을 한마디로 말하면, 중앙집권적 고대국가 체제를 갖추지 못하고 이른바 소국 연맹 단계에서 끝나버린 나라라고 할 수 있다. 가야의 건국신화부터 시조가 여럿 나타난다. 처음부터 한 명의 시조가 나라를 세우고 이끌어간 다른 나라와 차이가 나는 것이다.

신화에 따르면 천지개벽 후 가야 땅에는 나라를 부르는 칭호도, 임금이나 신하라고 부르는 칭호도 없었다고 한다. 단지 아도간(我刀干)·여도간(汝刀干)·피도간(彼刀干)·오도간

(五刀干)·유수간(留水干)·유천간(留天干)·신천간(神天干)·오천간(五天干)·신귀간(神鬼干) 등 아홉 간[九干]이 있어서 추장이 되어 저마다 백성을 통솔했다는 것이다.

이때 북구지(北龜旨)라는 산봉우리에서 말소리가 들리고 한 줄기 자주색 빛이 하늘로부터 드리워져 내려왔다. 땅에 닿은 빛 끝에는 붉은 보자기에 금 상자가 싸여 있었고, 그 안에는 해처럼 둥근 황금빛 알 여섯 개가 있었다. 이 알들에서 나온 사내아이 중, 처음으로 나타났다는 의미의 이름을 가진 수로(首露)가 왕위에 올라 나라 이름을 대가락(大駕洛) 또는 가야국(伽耶國)이라고 지었다. 나머지 다섯 명도 각각 다섯 가야의 우두머리가 되었다.

또 다른 설화도 있다. 『신증동국여지승람(新增東國輿地勝覽)』에는 "가야산(伽倻山)의 신(神)인 정견모주(正見母主)가 천신(天神) 이비가지(夷毗訶之)에 감응되어 대가야(大伽倻) 왕 뇌질주일(惱窒朱日)과 금관국(金官國) 왕 뇌질청예(惱窒青裔) 두 사람을 낳았으니, 뇌질주일은 이진아시왕(伊珍阿豉王)의 별칭이고 뇌질청예는 수로왕(首露王)의 별칭이다"라고 되어 있다. 여기에 세대를 한참 건너뛴 후세의 계보가 덧붙는다. "대가야국의 월광태자(月光太子)는 정견모주의 10대손이며 그의 아버지 이뇌왕(異腦王)은 신라의 이찬(夷粲) 비지배(比枝輩)의 딸을 맞아 청혼하여 태자를 낳았다. 이뇌왕은 뇌질주일의 8대손이다"라는 내용이다.

이렇게 기록된 설화가 역사 그대로라고 할 수는 없다. 수로가 "임시로 대궐을 세우게 하고 거처했는데, 질박하고 검소할 따름이니 집에 이은 이엉을 자르지 않았으며, 흙으로 만든 계단은 겨우 3척이었다." 또 "궁궐과 옥사(屋舍)만은 농한기를 이용해 지어 다른 건물보다 오래 걸렸다"고 하여 요순(堯舜)처럼 백성을 생각하고 검약하는 덕을 지녔다는 식으로 서술하고 있다. 수로를 미화하려고 포장했을 가능성이 크다. 더욱이 사람이 알에서 나왔다고까지 하며 시조를 신비하게 만드는 경향이 있으니 액면 그대로 믿기는 곤란하다.

수로라는 사람이 실제로 있었는지부터 시비가 될 수 있다. 금관가야 왕실 계보만 봐도 의심할 수밖에 없는 근거가 바로 나온다. 『삼국유사(三國遺事)』에는 탄생에서 멸망에 이르는 금관가야의 왕실 계보가 남아 있다.

금관가야의 왕력

이름	재위 기간	비(妃)
제1대 수로왕(首露王)	42~199	허황옥(許黃玉)
제2대 거등왕(居登王)	199~257	모정(慕貞)
제3대 마품왕(麻品王)	253~291	호구(好仇)

제4대 거질미왕(居叱彌王)	291~346	아지(阿志)
제5대 이시품왕(伊尸品王)	346~407	정신(貞信)
제6대 좌지왕(坐知王)	407~421	복수(福壽)
제7대 취희왕(吹希王)	492~521	인덕(仁德)
제8대 질지왕(銍知王)	451~492	방원(邦媛)
제9대 겸지왕(鉗知王)	492~521	숙(淑)
제10대 구형왕(仇衡王)	521~562	계화(桂花)
• 구형왕의 아들 첫째 세종(世宗) 둘째 무력(茂力: 『삼국사기』에는 셋째 왕자 무력武力) 셋째 무득(茂得)		

수로를 제외한 금관가야의 나머지 왕들에 대한 『삼국유사』 기록은 다음과 같다. 단 이 내용이 정확한 역사적 사실인지에 대해서는 의문이 있다.

거등왕

아버지는 수로왕, 어머니는 허황후. 건안 4년 기묘(199) 3월 13일에 즉위. 치세는 39년인데 가평 5년 계유(253) 9월 17일에 붕함. 왕비는 천부경(泉部卿) 신보(申輔)의 딸 모정이며 태자 마품을 낳음. 『개황력(開皇曆)』에는 "성은 김씨니 대개 시조가 금란(金卵)에서 난 까닭에 성을 김씨로 삼았다"고 한다.

마품왕

마품(馬品)이라고도 하며 김씨다. 가평 5년 계유(253)에 즉위. 치세는 39년으로 영평 원년 신해(291) 1월 29일에 붕함. 왕비는 종정감(宗正監) 조광(趙匡)의 손녀 호구로 태자 거즐미를 낳음.

거즐미왕

금물(今勿)이라고도 하며 김씨다. 영평 원년에 즉위. 치세는 56년으로 영화 2년 병오(346) 7월 8일에 붕함. 왕비는 아궁아간(阿躬阿干)의 손녀 아지로 왕자 이시품을 낳음.

이시품왕

김씨. 영화 2년에 즉위. 치세는 62년으로 의회 3년 정미(407) 4월 10일에 붕함. 왕비는 사농경(司農卿) 극충(克忠)의 딸 정신으로 왕자 좌지를 낳음.

좌지왕

김즐(金叱)이라고도 함. 의회 3년에 즉위. 용녀(傭女)에게 장가가서 그 여자의 무리로 관리를 등용시키니 나라가 시끄러웠다. 계림(鷄林)이 꾀를 내서 가락국을 치려했다. 이때 신하인 박원도(朴元道)가 간했다.

"유초(遺草)를 깎고 깎아도 역시 털이 나는 법인데 하물며 사람에게 있어서겠습니까! 질서가 무너지면 사람이 어디에서 보존되오리까? 또 복사(卜士)가 점을 쳐서 해괘(解卦)를 얻었는데 그 괘사에 '소인을 없애면 군자가 와서 도울 것이다' 했으니 왕께선 주역의 괘를 살피시옵소서."

이에 왕은 사례하여 옳다 하고는 용녀를 내쳐서 하산도(荷山島)로 귀양을 보내고, 정치를 고쳐 행하여 길이 백성을 편안하게 다스렸다. 치세는 15년으로 영초 2년 신유(421) 5월 12일에 붕함. 왕비는 도녕(道寧) 대아간(大阿干)의 딸 복수로 아들 취희를 낳았다.

취희왕

즐가(叱嘉)라고도 하며 김씨. 영초 2년에 즉위. 치세는 31년으로 원가 28년 신묘(451) 2월 3일에 붕함. 왕비는 진사각간(進思角干)의 딸 인덕으로 왕자 질지를 낳음.

질지왕

김질왕(金銍王)이라고도 함. 원가 28년에 즉위. 이듬해에 시조와 허황옥 왕후의 명복을 빌기 위해 시조와 왕후가 처음 만난 곳에 절을 지어 왕후사(王后寺)라 하고 밭 10결을 바쳐 비용에 쓰게 함. 치세는 42년으로 영명 10년 임신(492) 10월 4일에 붕함. 왕비는 금상사간(金相沙干)의 딸 방원이며 왕자 겸지를 낳음.

겸지왕

김겸왕(金鉗王)이라고도 함. 영명 10년에 즉위. 치세는 30년으로 정광 2년 신축(521) 4월 7일에 붕함. 왕비는 출충각간(出忠角干)의 딸 숙이며 왕자 구형을 낳음.

구형왕

김씨, 정광 2년에 즉위. 치세는 42년. 보정 2년 임오(562) 9월에 신라 제24대 진흥왕(眞興王)이 군사를 일으켜 쳐들어오자, 왕이 친히 군사를 지휘했다. 그러나 적병의 수는 많고 이쪽은 적으므로 대전할 수 없었다. 이에 왕은 동기 탈지이즐금(脫知爾叱今)을 보내어 본국에 머물러 있게 하고, 왕자와 장손 졸지공(卒支公) 등과 함께 항복하여 신라로 들어갔다.[진흥왕 때가 아니고 법흥왕法興王 19년(532)의 일이다. 『삼국사기』 「신라본기」에는 김구해金仇亥 왕이 왕비와 큰아들 노종奴宗, 둘째 아들 무덕武德, 막내아들 무력武力과 함께 신라에 항복했다고 되어 있다.] 왕비는 분즐수이질(分叱水爾叱)의 딸 계화로, 세 아들을 낳았는데 첫째는 세종(世宗) 각간, 둘째는 무도(茂刀) 각간, 셋째는 무득(茂得) 각간이다[위에서 말했듯이 이 기록은 둘째와 셋째 아들에 대해 모순을 보이고 있다]. 『개황록(開皇錄)』에 보면 "양(梁) 무제 중대통 4년 임자(532)에 신라에 항복했다"고 했다.

표에서 간단하게 확인할 수 있듯이 수로가 왕위에 있었다는 기간만 150년이 훨씬 넘는다. 『삼국유사』에서는 158세에 세상을 떠났다고 한다. 상식적인 인간 수명에 비추어 볼 때 있을 수 없는 일이다.

하지만 그렇다고 해서 가야에 대한 설화를 처음부터 끝까지 거짓말이라고 치부해버리기는 곤란하다. 수로를 제외한 다른 금관가야 왕들의 재위 기간을 보면 특별히 있을 수 없다고 할 만한 수명을 가진 왕은 눈에 띄지 않는다.

어느 나라나 초창기 기록은 정확성이 떨어지기 마련이다. 사건이 일어난 시기조차 정확하다는 보장이 없다. 그럼에도 불구하고 신화나 설화는 어느 정도 역사적 경험을 반영하고 있다고 본다. 비록 세부 내용에 차이가 난다고 해도 이를 통해 어떤 흐름을 읽을 수는 있다는 것이다.

수로가 한 사람이 아니라 하나의 집단을 의미한다고 해석하면 나름대로 납득할 만한 설명을 내놓을 수 있다. 아무래도 시조는 다른 사람보다 훨씬 신성하게 꾸며야 한다. 그러다 보면 여러 사람의 업적을 시조에게 몰아줄 수 있고, 보통 사람과는 비교되지 않게 오래 살았다고 과장하기도 쉽다.

가야의 구심점 수로

초창기 역사 기록을 이용할 때는 항상 개개의 사실보다 이후 역사와 연결되는 커다란 흐름이라는 측면을 의식해야 한다. 이렇게 납득할 만한 전제를 세워놓고 나면 설화를 이용해서라도 가야 역사의 윤곽을 대충이나마 그려낼 수 있다.

고고학의 도움까지 받아 가야가 형성되는 윤곽을 잡아보면 이렇다. 수로의 나라는 지금의 김해에 자리 잡았고, 주변 고령·함안 등에도 유력한 가야 소국들이 자리 잡았다. 이와 같이 시작부터 여러 곳에 각각 작은 나라가 세워진 것이다. 즉 가야는 통합된 왕국으로서 존재한 것이 아니라 몇 개의 독립된 소국으로 나뉘어 있었다.

수로 역시 후에 금관가야(金官加耶)·본가야(本加耶) 등으로 불린 가야국의 왕이었을 뿐, 가야 전체를 대표하는 왕은 아니다. 다시 말해 가야는 수로라는 왕이 등장하지만 그가 가야 전체를 지배한 것이 아니라 여섯 가야 중 하나를 지배하는 왕에 불과할 정도로 통합된 정치 세력이 아니었다.

이 상황은 가야가 소멸될 때까지 유지되었다. 건국신화부터가 시조를 중심으로 한 소국의 형성에서 시작하고 있다. 실제 역사에서도 통합된 왕국으로 발전해나간 주변 다른 세력들과는 달리 멸망할 때까지 이러한 체제가 유지되는데, 이는 시작 단계의 특성과 전혀 무관하지는 않을 것이다.

그러나 가야가 여러 소국으로 나뉘어 공존하는 형태로 출발했다고 해서 중심 역할을 하는 세력이 없었던 것은 아니다. 초기 중심 세력은 『삼국유사』 「가락국기(駕洛國記)」에서 볼 수 있듯이 김해에 자리를 잡고 있던 수로의 금관가야였다. 「가락국기」에서 다른 가야의 왕들에 대한 이야기가 전혀 없이 수로를 중심으로 이야기가 전개되는 것 자체가 당시 금관가야가 가야의 구심점 역할을 하고 있었기 때문이라고 볼 수 있다.

이렇게 김해 세력이 가야의 중심 세력으로 부상할 수 있었던 배경으로는 대체로 두 가지 요소가 지적된다. 하나는 풍부한 철 자원을 가지고 있었다는 것이고, 다른 하나는 김해 지역의 지리적 특성이다.

당시 인기 있던 교역품 중 하나가 철이었다. 지금도 그렇지만 그때는 철이 문명의 기본이 되는 전략 자원이라는 의미가 더 컸다. 당시 기술 수준에서 개발이 쉬웠던 철 자원이 김해 지역에 많이 분포하고 있었던 사실이 금관가야에는 행운이었던 셈이다.

또한 김해라는 지역 자체가 당시 상황에서는 상당히 중요한 요충지였다. 지금은 일제시대에 이루어진 간척사업 때문에 없어져버렸지만, 그 이전에는 남해안 물길이 김해 북쪽 지역까지 이어졌다.

예나 지금이나 상당량의 교역이 물길을 통해 이루어지기 마련이므로 낙동강 하구에 자리 잡은 김해 지역은 교역의 관문 역할을 하게 된다. 이는 김해 지역 자체가 물자가 오고 가는 중심지가 된다는 의미이며, 따라서 주변 세력에 대한 영향력 또한 커진다. 이러한 영향력에 힘입어 김해의 금관가야가 가야의 중심 세력으로 부상한 것이다.

객관적인 조건으로는 이 두 가지가 지적될 수 있으나 여기에 또 한 가지 빼놓을 수 없는 요인이 있다. 단순히 지리 조건이나 철 자원 때문이었다면 주변 다른 나라도 얼마든지 중심 세력이 될 조건을 갖추고 있었다.

철만 하더라도 금관가야가 공급을 독점하고 있었다고 할 수는 없다. 지리 여건 역시 김해 지역만 특별히 유리한 것은 아니다. 가야의 전신이라고 할 수 있는 변한의 소국들이 분포한 지역은 크게 보아 지금의 경남 해안 일대와 낙동강 중하류 연안이라고 할 수 있다.

지금의 경남 해안은 서해, 남해, 일본열도를 연결하는 해상 항로의 중심부에 위치하고 있기 때문에 김해 지역과 크게 차이가 나지 않는 지리상 이점을 가지고 있다. 김해 지역이 거리 면에서 일본열도와 가깝고 대한해협을 건너는 출발지점이라고는 하지만, 주변에 있던 작은 나라들도 왜나 낙랑

(樂浪)·대방(帶方) 같은 중국 군현(郡縣)과 접촉하는 데 지리적으로 특별히 불리할 이유가 없다는 것이다.

그럼에도 금관가야가 주변의 여러 나라 중에서 특별히 중요한 역할을 하게 된 이유는 수로의 정치적 능력에서 찾아야 할 것 같다. 여기서 중심 세력이라는 것은 월등한 힘이 있어 주변 세력을 통제했다는 의미는 아니다. 가야 자체가 소멸할 때까지 통일된 왕국으로 존재해본 적 없다. 멸망할 당시까지 10여 개의 소국 이름이 등장할 정도로 분열되어 있었다. 금관가야가 주변 소국들을 완전하게 통제하지 못했다는 뜻이다.

이와 같은 상황에서 힘으로 눌러 지배하지 않고 주변 세력을 주도적으로 통솔해나가기는 더욱 어려운 법이다. 수로는 이 어려운 상황을 자신의 정치적 수완으로 극복해나갔다. 주변에서 벌어지는 교역이나 분쟁에서 조정자 내지는 중재자 역할을 하면서 작은 나라들이 자신을 따르도록 한 것이다.

덕분에 분쟁이 생기면 수로를 모셔 처리하는 것이 관례처럼 되어간 것 같다. 이를 보여주는 『삼국사기』 기록이 있다. 음즙벌국(音汁伐國)과 실직곡국(悉直谷國) 사이에 분쟁이 생기자 신라의 파사이사금(婆娑尼師今)이 수로에게 판결을 요청했다는 내용이다.

뒤에서 언급하겠지만 이 사건에는 다른 배경도 있었다.

그러나 수로가 주변 분쟁에 판결을 맡을 만큼 중재자로서 비중이 컸던 것만은 사실이며, 여기에는 금관가야의 위상이 반영되어 있다 할 수 있다.

수로의 동반자, 허황옥

가야의 시조 중 대표 인물인 수로에 대해서는 설화를 통해서나마 이와 같은 정도의 윤곽을 잡아볼 수 있다. 그렇지만 아무리 시조라 해도 가야의 시작을 혼자서 다 이루어낼 수는 없다. 따라서 같이 가야 역사를 만들어나간 다른 사람들에 대해 살펴볼 필요가 있다. 그중 우선 꼽아야 할 사람이 왕비 허왕옥(許黃玉)이다.

당연한 일이겠지만, 허황옥에 대한 내용도 설화에 나타난다. 설화에 따르면 신하들이 혼기가 찬 수로의 혼인 문제를 걱정하자, 수로는 망산도(望山島)라는 섬에서 기다리면 신부가 올 것이라 일러주었다. 이때 나타난 신부가 자칭 아유타국(阿踰陀國) 공주라는 허황옥이다. 수로는 이 허황옥을 왕비로 맞아들였다. 줄거리는 이렇게 간단하지만 설화치고는 내용이 제법 많다.

사실 처음부터 허황옥이 수로의 배필로 물망에 오른 것은 아니었다. 구간(九干)들은 자신들이 정해놓은 처녀를 수로의 배필로 추천했다고 한다. 그랬음에도 수로는 군이 이를 물리치고 외부에서 흘러 들어온 허황옥을 골라 신부로 맞이했던 것이다. 설화에는 자신이 천명(天命)을 받아 왕이 되었으니, 왕비 역시 천명을 받은 여자여야 했기 때문이라고 한다. 당시 사고방식에서 나름 납득하지 못할 이유는 아니다.

애초부터 허황옥은 부왕과 모후로부터 "우리가 어젯밤 꿈에 하늘의 상제를 뵈었는데, 상제께서 '가락국왕 수로는 하늘이 내려 보내어 왕위에 앉게 했으니 신령스럽고 성스러운 분이다. 또 새로이 나라를 다스림에 아직 배필을 정하지 못했으니, 그대들은 공주를 보내 배필이 되게 하라'고 하고는 하늘로 올라가셨다"는 말을 듣고 가락국으로 왔다. 또 배에 시집갈 때 따라가는 시종인 잉신(媵臣)을 데리고 왔다. 처음부터 혼인을 목적으로 왔다는 이야기다.

그렇지만 일부 전문가들은 허황옥 집안이 가야 내부의 한 부족에 불과했는데 그 가문을 신성하게 만들려고 꾸며댔다고 본다. 허황옥이 157세까지 살았다는 점도 믿기 곤란하다. 반면 일부 사람들은 허황옥이 외부에서 온 것이 사실이며, 실제로 인도의 아유타국에서 오는 것이 가능했다고 주장한다.

물론 지금으로서는 허황옥이 진짜 인도에 있었다는 아유타국 공주였는지, 아유타국을 사칭한 집단이었는지 확인하기는 곤란하다. 양쪽 다 가능성이 있기 때문에 딱히 한쪽이 거짓말이라고 잘라 말하기 어렵다. 이럴 때는 작은 문제에 너무 구애받지 말고 커다란 윤곽부터 파악하는 편이 좋다.

허황옥이 굳이 인도 아유타국까지는 아니더라도 외부에서 온 이주민이라는 사실 정도는 인정해도 좋지 않을까 한다. 당시 사정을 생각해보면 상황이 그렇게 될 법하다. 어렸을 때부터 성장 과정이 뻔히 드러나 있는 사람이라면 존경심이 생기기 어렵다. 그에 비해 외부에서 들어온 사람이라면 제대로 파악이 안 되므로 그만큼 신비감을 줄 수 있다. 수로 자신이 왕으로 추대된 데 그런 측면이 작용했으니, 왕비를 들이는 데도 같은 생각을 했을 법하다.

여기에 또 한 가지 효과를 노릴 수 있다. 수로 자신이 그랬듯이 외부에서 온 세력은 대개 원주민에 비해 우월한 문물을 가진 경우가 많다. 허황옥이 공주라고 자칭했던 점을 보면 그렇게 할 수 있을 만큼 수준 높은 문물을 갖춘 집단이었다는 추정이 가능하다.

우월한 문물은 자연스럽게 존경심을 이끌어낼 수 있다. 수로로서는 원주민보다 이런 집단에서 신부를 맞이하는 편이 여러 가지로 유리했을 것이다. 이렇게 보면 허황옥은 우수한 문물을 갖춘 이주민 세력이었다고 봐도 큰 문제는 없을 듯하다.

그러고 보면 수로의 포섭 능력은 왕비를 맞아들이는 데서 까지 유감없이 발휘되었다고 할 수 있다. 수로는 유능한 집 단을 경쟁자로 간주하여 배격하려 하지 않았던 것이다. 설화 에 따르면 수로는 허황옥을 매우 사랑해서 그녀가 죽자 "몹 시 슬퍼하다가 10년 후에 세상을 떠났다"고 한다.

한편 허황옥 설화에는 약간 어두운 측면도 있다. 허황옥 이 데리고 온 노비들은 몇 년이 지나도 아이를 갖지 못하고 말년에 고향을 그리며 죽어갔다는 내용이다. 그래서 그들이 묵었던 숙소가 텅 비었다고 한다. 이런 기록을 보면 모두가 행복하게 적응하지는 못한 듯하다.

아무튼 수로가 이렇게 외부에서 흘러든 집단과 융화하려 했다는 점은 분명한 것 같다. 허황옥 집단 중 고위층 여자 중 에서는 다른 가야 왕의 왕비가 된 경우도 있었다. 이와 같이 외부 이주민이 계속 지배층으로 편입되었다는 사실은 암시 하는 바가 크다.

수로의 위상

수로가 노린 효과는 유력한 세력 포섭만이 아닌 것 같다. 구간들이 추천한 여자를 배필로 들이면, 모계 혈통을 무시할 수 없는 왕실의 격이 구간들과 같은 급이 된다. 또 왕실 내부에서부터 그들의 영향을 무시할 수가 없다. 후대의 왕실에서 골치를 썩여야 했던 외척 문제가 생기는 것이다. 이에 비해 외부에서 배필을 찾으면 구간들과 확실히 선을 긋는 효과가 있다. 그만큼 왕실 권위를 높일 수 있다.

수로의 권력이 구간들에 비해 그다지 강하지 않았다는 주장도 있다. 통치자의 권력이 미약할 경우, 주변 세력들의 협조나 자발적 복속을 이끌어내야 한다는 것이 전제조건이다. 이런 상황에서 여러 비슷한 세력 중 하나에서 왕비를 정하면 중앙집권적 왕권 창출에 부담을 준다. 이 때문에 구간들이 추천한 여자를 거절했다는 것이다.

몇 줄 되지 않는 기록만으로 수로가 구간에 비해 우위에 있었는지 아니었는지를 판별하기는 어렵다. 또 절대 권력을 누리고 있는 것처럼 보이는 통치자도 내막을 들여다보면 알게 모르게 많은 견제와 압박을 받는 경우가 많다. 하지만 그렇다고 해서 역사적 상황을 멋대로 판단해도 좋다는 뜻은 아니다. 역사학자의 판단이라면 최소한 거기에 걸맞은 근거가 있어야 한다. 하다못해 설화의 내용만은 존중해주어야 한다.

그런데 수로의 권력이 보잘것없었다는 식의 주장은 설화 내용부터 제멋대로 편집한 것이다. 설화 내용에 따르면 구간들은 합의를 본 처녀를 추천했을 따름이지, 우리 가문 여자

중 하나를 택하라고 했던 것이 아니다. 결국 수로는 구간들이 추천한 여자를 거절했다. 구간들의 눈치나 봐야 할 만큼 권력이 미약했던 사람이 취할 방법은 아니다.

다른 정황을 봐도 수로가 그렇게 별 볼일 없는 사람은 아니었던 것 같다. 수로는 자신의 나라뿐 아니라 가야 전체를 대표하는 인물로 꼽혔다. 수로가 구간들의 눈치나 보는 사람이었다면, 자기 나라 측근들조차 제대로 제압하지 못하는 인물이 전체 가야의 대표자 역할을 했다는 이야기가 된다.

고고학적으로 보아 당시 김해 지역은 문명 수준이 그다지 높지 않았다는 주장도 있다. 수로가 활동했던 시기에 가야에는 아직 나라 같은 나라가 생겨나지 않았다는 발상에서 나온 것이다. 당연히 이때 우수한 문물을 가진 허황옥 집단이 가야에 와서 왕비족이 되었던 사실 또한 없었다고 본다.

하지만 별로 귀담아 들을 주장은 아닌 것 같다. 이런 주장의 밑바탕에는 당시 한반도에 자리 잡았던 국가들의 발전 상황이 형편없었다는 생각이 깔려 있다. 즉 수로가 활약했다는 기원 전후에는 고구려·백제·신라조차 아직 왕국으로서 면모를 갖추지 못했으니, 그보다 국가 발전이 늦었던 가야가 소국 수준에라도 이르렀을 리 없다는 발상인 셈이다.

그렇지만 중국에서는 1,000년도 더 전인 청동기시대에 제국을 건설했다. 한반도 남부가 아무리 후진 지역이라지만 소국을 건설할 단계에조차 이르지 못했다는 주장은 너무 심하다. 근거라고 해봐야 3세기 후반 본격 만들어지기 시작한 김해 대성동고분군(大成洞古墳群)보다 그 이전 무덤들의 규모나 출토 유물들이 볼품없다는 것 정도다. 그러나 무덤 규모가 작고 유물의 양과 질이 떨어진다고 해서, 소국 정도의 국가가 나타나지 않았다는 식의 논리를 굳이 따를 필요는 없다. 이렇게 보면 허황옥 설화에 나오는 내용을 수백 년 이후에 있었던 일을 갖다 붙인 것이라고 여길 필요 또한 없다.

가야의 성장과 좌절

신라와 경쟁

고구려·백제·신라 등 고대국가가 성립하기 이전 한반도 남부에는 마한(馬韓)·진한(辰韓)·변한(弁韓)이라고 불렸던 삼한(三韓)이 형성되어 있었다. 중국 측 기록에 따르면 진한과 변한은 문화에서 별 차이가 없다고 되어 있을 만큼 공통점이 많았다.

이들이 진한과 변한이라고 구별된 것은 문화적이라기보다 정치적 차이에 따른 것이었다. 둘 중 진한이 바로 신라로 통합되어간 세력이다. 진한이 신라를 중심으로 통합되어갔다면, 이에 저항한 상당수 변한 소국들이 가야의 여러 나라 [加耶諸國]로 남았다는 의미가 된다.

이렇게 신라와 다른 선택을 했던 가야는, 처음부터 하나의 왕국으로 출발하지 못하고 여러 개의 독립된 소국으로 나뉘어 출발했다는 데 그 특징이 있다. 그리고 그런 나라들의 구심점 역할을 한 사람이 수로였다는 점이 앞서 주로 언급한 내용이다.

이는 가야가 각 소국들의 독립성을 인정하면서 협력하는 분위기가 강했다는 뜻이 되겠지만, 그렇다고 해서 권력을 잡기 위한 갈등이 없지는 않았다. 신라 석씨(昔氏)의 시조인 탈해(脫解)가 수로에게 도전한 것이 그 대표 사례다. 이 이야기는 신라 왕조에 더 깊이 관련되어 있으니, 여기서는 패배한 탈해가 신라로 도망갔다는 정도만 밝혀둔다.

이 설화의 어디까지가 진실인지는 파악하기 어렵지만 이 사건은 가야와 신라 사이에 분쟁의 불씨로 남았던 것 같다. 가야에 대한 악감정이 남아서 그랬는지 기록상으로 가야와 처음으로 전쟁을 벌인 신라 왕이 바로 탈해였다. 가야와 신라의 분쟁은 77년(탈해이사금(脫解尼師今 21) 신라의 아찬(阿湌) 길문(吉門)이 황산진(黃山津) 어귀에서 가야 군사와 싸워 이긴 것으로 시작된다. 분쟁은 『삼국사기』 기록상 1세기 후반에서 3세기까지 지속된다.

탈해의 다음 대인 파사이사금(婆娑尼師今) 대에 이르면 분쟁의 빈도는 더 잦아진다. 85년(파사이사금 6), 94년(파사이사금 15), 96년(파사이사금 17), 97년(파사이사금 18) 등 분쟁은 계속된다. 신라의 건국 연대를 끌어올렸다는 말이 나올 만큼 기록이 듬성듬성 나오는 한국 고대사 기록치고는 전쟁 기사가 자주 나타나는 편이다.

전쟁이 계속되는 와중에 재미있는 사건이 끼어 있다. 음즙벌국(音汁伐國)과 실직곡국(悉直谷國) 사이에 분쟁이 일어나자 파사이사금이 수로에게 판결을 요청했다. 얼핏 매우 기이한 일처럼 보인다. 가야와 전쟁을 계속하면서 한편으로는 적대 세력의 우두머리에게 중재를 맡긴 셈이기 때문이다. 아무리 수로의 위상이 높았다고 하지만 쉽게 이해할 수 있는 일은 아니므로 사건의 경과에 대해 자세하게 살펴보기로 하자.

기록 자체에서는 사건의 발단이 사소한 데서 시작된 것처럼 되어 있다. 수로가 분쟁의 대상이 된 지역을 음즙벌국에 소속시켜 문제를 해결하자, 파사이사금은 수로를 위한 향연을 준비하며 6부에도 참석을 명했다. 그런데 다른 부와는 달리 한기부(漢祇部)에서는 미천한 자를 보내왔다. 이에 분노한 수로가 탐하리(耽下里)라는 자에게 명해 한기부의 우두머리를 죽이고 돌아갔다. 여기까지만 보면 사소한 시비가 살인으로 이어진 사건으로 보인다.

사태가 심각하게 번지는 것은 이다음부터다. 파사이사금은 탐하리를 체포하려 했고 음즙벌국은 그를 도피시켜주었다. 이에 분개한 파사이사금은 음즙벌국을 쳤고, 결국 음즙벌국은 물론 실직(悉直)과 압독(押督) 두 나라도 함께 신라에 항복했다.

얼마 뒤 실직국이 반란은 일으키지만 진압되며, 곧 신라는 가야와 전쟁을 벌인다. 가야와 전쟁을 벌인 다음 해에는 비지국(比只國)·다벌국(多伐國)·초팔국(草八國)을 정복했다. 실직국은 물론 후에 압독국 등에서 반란이 일어나는 것으로 보아 신라의 정복은 매우 강압적이었다고 할 수 있다. 여기에 중재를 의뢰한 가야와 전쟁까지 수반되었다.

사소한 사건이 전쟁으로 번졌다고 보기에는 뭔가 석연치가 않다. 손님인 수로가 남의 나라에 와서 고의로 사고를 일으켰을 리는 없으며, 수로를 자극하는 계기를 만든 것이 신라 측이기 때문이다. 더구나 신라는 이 사건을 빌미로 분쟁 당사국은 물론 주변 소국들까지 모조리 정복해버렸다. 사건을 유발시킨 측도, 사건을 통해 이익을 얻은 측도 신라인 셈이다.

고도의 정치적 계산 없이 우연히 이러한 결과가 얻어졌을 것 같지는 않다. 파사이사금은 처음부터 경쟁 위치에 있는 수로에게 골치 아픈 일을 맡겨놓고 적당한 트집을 잡아 전쟁을 일으킬 속셈이었던 것으로 짐작된다. 단지 판결 자체에서 트집이 잡히지 않자 연회를 열어 말썽을 일으켰을 뿐이다. 미천한 자를 보내왔다는 것 자체가 외교상으로는 결례였을 뿐 아니라 수로를 자극할 만한 행위가 곁들여졌을 가능성이 높다.

가야의 분열과 포상팔국의 난

가야와 갈등을 일으킨 일련의 사태에서 당시 신라의 팽창 야욕을 엿볼 수 있다. 일부러 분쟁을 일으켜 주변 소국들을 병합해나갈 만큼 신라는 주변의 다른 나라들보다 강력했다. 185년(벌휴이사금伐休尼師今 2)에도 파진찬(波珍湌) 구도(仇道)와 일길찬(一吉湌) 구수혜(仇須兮)를 시켜 소문국(김文國)을 정벌했다. 분쟁의 주도권 또한 신라가 잡고 있었다. 소규모 국경 충돌을 제외하고는 대병력을 동원하여 선제공격을 감행하는 측은 언제나 신라였다. 가야는 신라의 팽창 야욕에 맞섰지만 수세에 몰리는 형국이었다.

금관가야를 중심으로 한 가야 제국은 이에 저항했다. 한동안은 때로는 신라의 공세를 격퇴해가며, 때로는 외교적 타협을 모색해가며 가야는 잘 버텼다. 그러나 결정적인 타격은 외부가 아니라 내부에서 왔다. 통합된 왕국을 이루지 못하고 분열되어 있던 가야의 약점이 곧 드러난 것이다.

내부 붕괴의 계기가 된 것이 이른바 '포상팔국(浦上八國)의 난'이다. 사건의 개요는 간단하다. 포상팔국이 가야[금관가야]를 공격하자 가야는 왕자를 신라에 파견하여 도움을 요청했고 신라의 도움으로 난이 진압되었다는 것이다.

지금으로서는 포상팔국이 어디에 있던 나라들인지조차 확실하지 않다. 그 가운데 위치 추정이나마 가능한 나라는 창원의 골포(骨浦), 고성의 고사포국(古史浦國), 사천의 사물국(史勿國) 정도다. 단지 이 나라들은 명칭 자체가 암시하듯이 해상 교통의 주요 지점에 위치한 경남 해안 일대의 변한 소국들로 추정된다. 따라서 자세한 사건 자체의 배경이나 경과를 알기는 어렵다.

그렇지만 금관가야가 사건이 있기 몇 년 전에 이미 신라에 화친을 요청하고 있는 것을 보면 가야 제국의 내분은 꽤 오래전부터 진행되고 있었던 것 같다. 어쩌면 금관가야가 다른 가야 제국에 대한 통제력을 강화하려 했던 것이 이유였는지도 모른다.

포상팔국이 금관가야의 지도력에 의구심을 품고 반항하기 시작했음은 물론, 전통적으로 가야 제국과 친밀했던 왜도 신라를 공격하여 사실상 포상팔국의 편에 섰다. 금관가야는 이때만큼은 다른 가야 소국들의 요구를 포용하여 수습하려 하지 않았다.

차라리 신라에 대한 저항을 포기하고 오히려 그 힘을 빌리는 방법을 택한 것이다. 포상팔국의 난을 진압한 후 가야는 왕자를 신라에 볼모로 보내기까지 했다. 가야 제국에 대한 지도력이 흔들리는 위기 상황에 처한 금관가야의 선택은 어쩌면 당연한 것이었는지 모른다.

그러나 이 사건의 영향은 적지 않았다. 저항의 기수가 배신한 상태에서 신라에 도전하려는 세력은 없었다. 가야 제국의 결속력까지 송두리째 무너져버린 것이다. 덕분에 신라는 힘 안 들이고 현재 경상도 지역의 패권을 장악했다. 이후에도 신라는 부지런히 주변 소국들을 정복해나갔다.

『삼국사기』 기록상으로 231년(조분이사금助賁尼師今 2)에는 태자이자 이찬(伊湌)인 우로(于老)를 대장군으로 삼아 감문국(甘文國)을 정복하고 그 땅을 군(郡)으로 편입시켰다. 236년(조분이사금 7)에는 골벌국왕(骨伐國王) 아음부(阿音夫)의 투항을 받고 그 땅 역시 군으로 편입시켰다. 이런 행위가 바다 건너 왜와는 새로운 분쟁의 씨앗이 되었지만 신라로서는 일단 성공이었다. 이와 함께 가야는 역사 기록에 상당 기간 동안 나타나지 않게 되었다.

가야 역사의 변수, 왜

현재 일본의 전신인 왜(倭)는 오래전부터 한반도의 나라들과 관계를 맺어왔다. 관계를 맺는 과정에서 사이가 좋을 수도 있고 나쁠 수도 있는 법이지만, 한국과 일본 고대사에서는 왜와 한반도 나라들과 관계에서 비교적 뚜렷하게 드러나는 특징이 있다. 극단적이라 할 만큼 각 나라마다 우호·적대관계가 분명하게 나타나는 것이다.

가야와는 사소한 분쟁이 있을지언정 전면적인 전쟁은 없었다. 조금 나중에 관계를 맺는 백제와도 전쟁을 벌여본 적이 한 번도 없을 만큼 우호적인 관계가 유지되었다. 고구려조차 왜와 직접 전투를 벌여본 적이 있는지 의심스러울 정도로 적다. 고구려가 왜에 대해서는 그다지 관심을 갖지 않았다 해도 과언이 아닐 만큼 관계 자체가 소원했다. 그러나 유독 신라만은 왜와 무수한 전쟁을 치렀다.

왜와 분쟁은 신라가 건국할 즈음부터 시작되었다고 할 수 있지만 앞서 언급한 포상팔국의 난이 터지기 이전에는 그다지 심하지 않았다. 시조 혁거세(赫居世) 때는 쳐들어오려다가 혁거세가 덕이 있다는 말을 듣고 그만두었다는 내용이라 분쟁이라 할 수 없다. 실질적인 전쟁은 14년(남해차차웅南解次次雄 11)에 바닷가를 노략질 한 것, 73년(탈해이사금 17) 목출도

(木出島)에 침입한 것 정도다.

이 정도의 전쟁을 치르고 난 뒤 123년(지마이사금祇摩尼師今 12) 신라와 왜의 화해가 이루어졌다. 이후 173년(아달라이사금 阿達羅尼師今 20)에 중국에까지 잘 알려진 왜의 여왕 히미코 (卑彌乎)가 신라에 사신을 보냈다. 이와 같이 신라와 왜는 기록상 거의 100년 가까이 평화롭게 지냈다.

신라와 왜 관계가 심각한 적대관계로 바뀐 시기가 바로 포상팔국의 난을 전후한 때다. 이때 생겨난 적대감은 중간에 있었던 약간의 변화를 무시해도 좋을 만큼 지속되었다. 『일본서기(日本書紀)』 기록 자체가 기본적으로 신라에 대한 적대감을 깔고 쓰였다고 해도 좋을 만큼, 이 사건은 심각한 영향을 미쳤다.

포상팔국의 난이 이렇게까지 좋지 않은 방향으로 발전한 이유는 무엇이었을까? 『일본서기』에는 당시 왜의 처지가 담겨 있다. 기록 자체로는 포상팔국의 난이 있기 이전부터 신라가 가야의 조공을 방해한다고 되어 있다. 물론 당시 왜가 중국 황제처럼 조공을 받는 쪽이었다는 기록은 허구에 불과하다.

따라서 여기에 숨은 미묘한 의미를 이해해야 한다. 『일본서기』는 천황(天皇)을 중국 천자(天子)와 같은 지위라고 제멋대로 설정해놓고 써간 역사서다. 그러니 주변 국가에서 찾아

오면 무조건 조공 바치러 왔다고 썼다. 심지어 당나라 사신들까지 조공 바치러 온 사신으로 취급했을 정도였다.

그러므로 거기 나오는 '조공'을 중원에 자리 잡았던 대제국에 보낸 것과 같은 차원으로 볼 필요는 없다. 단지 조공이라는 것이 어차피 교역이라는 의미를 가지고 있었고, 왜의 교역로가 가야를 통하고 있었음은 이미 확인된 사실이다. 약 15년밖에 존속하지 못한 중국 신(新)나라 화폐가 낙랑·대방을 통해 가야·왜로 활발하게 유통되었을 정도였다.

주요 교역 루트가 가야를 통하고 있기에 가야 지역이 분쟁에 말려든다면 이는 곧바로 왜의 교역에 영향을 주지 않을 수 없다. 그런 가야에 싸움을 거는 세력이 신라였다. 왜로서는 신라가 교역을 방해하는 것으로 여겼을 수밖에 없다.

여기서 왜가 얼마나 선진 문물이 필요했는지 상기해볼 필요가 있다. 그런 왜에 포상팔국의 난은 어떤 의미가 있었을까? 포상팔국의 난이 불러온 결과를 한마디로 말하면, 가야 세력의 내분으로 맹주 역할을 했던 금관가야가 신라의 도움을 받기에 이르렀다는 것이다. 공짜가 없는 국제관계를 감안해보면 그 이후 신라에 큰소리치지 못하게 되었다는 뜻이라고 할 수 있다.

그런 사태가 불러올 결과는 명백하다. 적어도 한반도 남부 정세의 주도권은 신라에 넘어갈 수밖에 없다. 이 사실을 포상팔국의 난 이전 상황과 비교해보자. 사건이 터지기 전에는 가야와 신라가 맞서고 있었다. 더욱이 가야는 하나의 나라로 통합된 것이 아니라 여러 나라가 협력하는 연맹체 수준에 불과했다.

이렇게 한반도 남부가 여러 나라로 나뉘어 맞서고 있는 상황이 한반도를 통해 교역을 해야 하는 왜에는 반가운 일이다. 상점들이 치열하게 경쟁하고 있는 상가에서는 더 유리한 가격에 더 좋은 상품을 골라 살 수 있는 법이다. 비슷한 맥락에서 왜로서는 한반도 남부의 나라들이 갈라져 경쟁하는 상황일 때 더 유리한 조건을 골라 교역을 할 수 있었을 것이다.

하지만 포상팔국의 난을 통해 한반도 남부 정세의 주도권이 신라에 넘어간다면 사정이 달라진다. 교역 주도권 자체를 신라가 쥐게 된다. 신라가 교역에서 더 많은 이익을 얻기 위해 자신의 독점적 지위를 이용하지 않았을 리 만무하다.

상점이 하나밖에 없거나 작은 상점이 큰 상점의 눈치를 봐야 한다면, 고객은 일방적으로 매겨진 가격에 별로 좋지 않은 물건을 사야 하는 사태가 생길 수 있다. 왜가 한반도와 교역에서 바로 그런 처지가 되어버린 셈이다.

신라는 무슨 이유인지 왜를 그리 달갑게 생각하지 않았다. 상당 기간 적대관계가 지속된 가야가 왜와 매우 친밀한 사이라는 것이 이유로 작용했을지 모른다. 포상팔국의 난이 터지기 직전에 왜가 신라를 공격한 것을 보면 장차 위협이 될 것이라고 느꼈음은 틀림없는 것 같다. 이뿐 아니라 왜가 신라를 침공한 시기는 대개 신라가 주변 소국과 분쟁을 일으키며 정복하고 있을 때다.

231년(조분이사금 2) 우로(于老)가 감문국(甘文國)을 토벌하고 난 직후 왜는 3번이나 쳐들어왔다. 287년(유례이사금儒禮泥師今 4), 292년(유례이사금 9), 294년(유례이사금 11) 왜와 전쟁이 있었고, 그러고 나서 다시 이서고국(伊西古國)과 전쟁이 있었다. 이런 잦은 전쟁은 신라의 팽창이 왜에 도움이 되지 않는다는 사실 때문이었을 것이다.

백제의 팽창과 가야

백제의 정복 사업과 가야

신라와 경쟁에서 밀려 숨죽이고 있던 가야 또한 4세기 이후 이전에 비해 더 복잡해진 국제관계의 영향에서 자유로울 수 없었다. 특히 백제 근초고왕(近肖古王)의 활약에 큰 영향을 받았다. 369년 백제는 왜와 함께 마한과 가야에 대한 대규모 정벌에 나섰다. 백제와 왜 연합군은 마한과 가야 두 방면으로 나뉘어 군사 행동을 개시했다. 이 정벌을 왜가 했다거나 정벌 자체가 존재하지 않았다는 주장도 있지만 별 설득력은 없다.

가야 방면에서는 백제 장군인 목라근자(木羅斤資: 목라척자 木羅斥資라고도 한다)가 왜병과 합류해 비자벌(比自㶱)·남가라 (南加羅)·탁국(喙國)·안라(安羅)·다라(多羅)·탁순(卓淳)·가라 (加羅) 7개국을 평정했다. 가야가 백제의 영향권 아래로 들어 간 것이다.

이때 가야 세력은 별다른 저항을 하지 않았다. 일단 신라 에 눌려 있던 가야가 더 강력한 백제에 왜까지 가세한 연합 군을 저지할 힘이 있을 리 없었다. 그보다 굳이 저항할 만한 이유가 없었다.

가야로서는 이미 신라에 지역 패권을 빼앗긴 상태였다. 어떻게 보면 신라에서 백제로 패권이 넘어간다고 해도 가야 제국으로서는 더 이상 잃을 것이 없었다. 그리고 나중에 가 야가 백제에 협조적으로 움직였던 점을 보면, 가야에 손해가 될 사태는 아니었다고 해야 할 것이다.

또 그동안 우호적으로 지내던 왜의 향방이 가야에 상당한 영향을 주었음이 분명하다. 『일본서기』에는 가야 지역에 대 한 정벌이 감행되기 직전, 백제와 왜의 국교가 성립된 후 눈 물을 흘리며 "조상들의 염원이 이루어졌다"고 기뻐하는 진 구황후(神功皇后)의 언사가 나온다. 왜가 이럴 정도로 백제와 동맹에 감격한 원인은 이전에 있었던 사태와 무관하지 않을 것이다.

왜는 앞서 가야의 내분으로 신라가 가야를 압도하자 교역 등에 타격을 받았던 바 있다. 이 때문에 100년가량 신라와 심한 분쟁을 빚고 있었다. 그런데 백제와 국교가 성립된 364년 이후 왜의 신라 침공 기록이 30년 정도 사라진다. 이러한 현상이 우연은 아닐 것이다. 이는 왜가 신라로부터 느꼈던 압박이 해결되었다는 뜻이며, 왜가 백제와 깊은 우호관계를 맺었던 점을 보면 왜의 숙원을 해결해준 주체 역시 백제라고 봐야 한다.

그런 만큼 왜가 역시 우호적인 관계였던 가야에 백제 세력권으로 들어갔을 때의 이점을 들어 설득한 것은 당연했을 것이다. 가야 또한 백제와 협조하는 것이 차라리 나을 수 있는데 굳이 이를 거부할 이유는 없었다. 이러한 정황상 가야와 왜가 신라에 눌려 빼앗긴 교역권을 백제가 나서서 회복시켜주었다고 짐작할 수 있는 것이다.

백제는 정복 대상들을 분쇄해야 할 상대로 생각하지 않고 협조를 얻어야 할 상대로 여겼다. 가야 소국들에 정치적 타격을 주는 조치를 취한 흔적이 없다. 기존 지배 세력의 변화나 강제 이주 등의 조치를 취한 기록이나 조짐이 나타나지 않는 것이다.

어떻게 보면 정치적·문화적 기반이 다른 지역을 지배하려 할 때는 이런 방식이 효율적일 수 있다. 정복 지역을 직접 통치하려면 기존 지배기구를 대체할 인적·물적 자원이 필요하다. 또 정복 지역에 파견된 이들과 본국 간의 연락도 긴밀하게 이루어져야 한다. 교통과 통신이 불편했던 시기에 상당한 자원과 시간을 투자해야 하는 것은 부담이 될 수밖에 없다. 그러기보다 기존 지배 세력에게 자치를 하도록 해주고 일정한 정도의 협조만 요구한다면 부담이 없다.

기록을 봐도 탁순(卓淳) 같은 나라는 백제와 왜의 접촉을 주선할 정도로 백제 측에 협조적이었다. 나중에 백제 성왕(聖王)이 이때 백제와 가야 제국 간의 관계를 두고 "부형(父兄)과 자제(子弟)의 관계" 운운한 것은 이러한 상황을 근거로 한 것이다. 이런 정책 덕분에 백제는 가야를 쉽게 백제 세력권으로 흡수할 수 있었다.

임나의 탄생

가야 지역을 평정한 직후 있었던 고구려의 도발을 뿌리친 근초고왕 대 백제에 더 이상 커다란 위협을 가할 세력은 없었다. 덕분에 백제는 정복한 지역을 경영할 여유를 충분히 확보했다. 그러나 문화와 관습이 다른 지역을 경영한다는 것은 무력 정벌보다 더 어려운 법이다. 한반도에서는 전통적으로 조화와 화합의 정치를 추구하는 경향이 있지만 그 배경에는 직접 통치하기 어렵다는 현실이 놓여 있음은 이미 언급한 바 있다.

마한 지역은 그래도 경영하기 쉬운 축에 들었던 것 같다. 백제 세력권 자체가 이전 마한의 세력권이고, 구심점이 없는 잔여 세력은 쉽게 백제의 통치에 순응할 수 있었기 때문일 것이다.

백제가 골치를 썩인 지역은 가야였다. 이전 마한처럼 밀접한 관계가 아닌, 정치적·문화적으로 이질적인 집단이었다. 뿐만 아니라 가야 지역은 하나로 통합된 세력이 아니라 여러 소국이 난립하고 있었다. 이 경우 경영상 난점은 더욱 커진다. 통합된 세력 같으면 간접 지배하더라도 그 중심 세력만 통제할 수 있으면 전 지역에 대한 장악이 가능하다. 그렇지만 10여 개로 분열되어 있으면 그 정치 세력들을 각각 통제해야 하는 문제에 봉착한다.

백제의 가야 경영에서 이런 한계는 큰 문제점으로 부각된다. 이 소국들을 일일이 상대해서 통제한다는 것은 비효율적이다. 사실상 불가능하다고 해도 좋을 정도다. 이를 극복하는 방법 중 하나는 가야 제국을 하나의 단위로 묶어놓는 것이다. 그래야 각각의 소국들과 상대할 필요 없이 한 가지 경로로 통제할 수 있다.

그러자면 이들을 하나로 묶을 수 있는 정치적 통합체가 필요하다. 당시 상황에서는 이를 굳이 일부러 만들 필요도 없었다. 가야 제국에는 신라의 중심이 된 사로국처럼 주변 세력을 끌고 나갈 만한 구심점이 없었다. 이런 상황에서 교역 문제 등 복잡한 현안을 해결하기 위해 동등한 자격을 갖춘 나라들끼리 협력하는 연맹체 같은 것이 만들어졌다. 당시의 가야는 이처럼 연맹체가 만들어질 정도 단계에는 도달해 있었다. 여기서 백제가 할 일은 기존 연맹체를 확대·강화하여 백제 주도 체제로 개편하는 것이었다.

'임나(任那)'는 바로 이러한 필요성에 따라 만들어졌다. 임나라는 단어가 5세기 초나 되어서야 나타나는 것은 5세기에서 멀지 않은 시점인 4세기 중후반에 임나가 생겼기 때문일 것이다.

임나란 무엇인가?

여기서 가야 지역에 대해 임나와 가야라는 두 가지 이름이 쓰였는지에 대해 언급하고 지나갈 필요가 있다. 대부분의 전문가들이 임나는 단순히 가야의 별명 정도라고 치부해버렸다. 그 바람에 그러한 인식이 마치 사실인 것처럼 뿌리 내렸다 할 수 있다.

그런데 가야와 임나가 비슷한 뜻으로 쓰이는 경우가 많지만, 자세히 보면 결정적인 차이가 있다. 임나에는 임나 집사(任那執事)같이 임나 자체에 소속된 요원이 있지만 가야에는 그런 것이 없다. 자체 소속 요원이 있다는 것은 그것이 일종의 정치적 조직이었다는 의미다.

지금으로 비유해서 말하자면 유럽과 EU의 차이 같은 것이라고 하면 이해가 쉬울 것이다. 유럽은 가야와 마찬가지로 지역에 대한 명칭이다. 유럽이라는 말 속에는 그 지역에 있는 나라들이 모두 포함된다. EU도 유럽과 비슷하게 쓰이는 경우가 많지만 근본적으로는 다르다.

같이 유럽에 있는 나라라고 하더라도 그 지역에 있는 나라들은 어디까지나 독립국가들이다. 정치적으로나 경제적으로나 서로 독자적인 길을 걷는 데 유럽이라는 공통성은 하등의 장애가 되지 않는다.

이에 비해 EU로 묶이면 사정이 다르다. 서로 뜻이 통하는 나라들끼리 묶인 일종의 정치체이기 때문이다. 여기에 회원국으로 가입하면 일단은 EU가 추구하는 노선에 따라야 한다. 따르지 않으려면 아예 가입을 하지 말든가 탈퇴하든가 해야 한다. EU는 정치체로서 소속 국가에 최소한의 구속력을 가진다는 의미다.

연맹체라는 것이 대략 이런 의미를 가지기 때문에 이런 연맹체를 가리키는 명칭은 지역을 가리키는 것과는 구별되어야 한다. 연맹체를 만드는 기본 목적은 소속국의 정치적 독립과 자치를 보장하면서도 대외적으로는 통합된 힘을 발휘하는 데 있다. 그러므로 연맹체가 유지되려면 내부적으로 소속 국가들 사이의 이권을 조정하는 것이 필수다.

골치 아픈 문제들을 조정하고 처리하려면 일단 각국 대표자들이 각종 현안을 논의하기 위해 모일 수 있어야 한다. 임나 한기(任那旱岐)가 이때 각국에서 임나에 파견된 대표자를 말한다. 한기는 각국 고위층에 해당하는 사람들이다. 그러니까 임나 한기는 임나에 파견된 고위 대표자를 의미한다고 보면 된다. 한기들 이외에도 차한기(次旱岐)라던가 상수위(上首位)·이수위(二首位) 등이 나타나는데 이들 역시 수장급에 준하는 고위직일 것으로 생각된다.

아울러 임나 집사도 있었다. 임나 자체가 조직체인 이상 어느 조직에서나 필요한 총무나 간사같이 임나의 업무를 맡아야 할 요인들이 필요했을 것이다. 이러한 자리는 각국에서 파견된 대표자들이 나누어 맡는다. 집사라는 명칭 자체가 일반적으로 이런 일을 맡는 자리에 있는 사람들을 의미한다.

모여서 현안을 논의하자면 모일 장소가 필요하다. 쉽게 말해서 본부가 있어야 한다는 것이다. UN이나 EU도 특정

국가, 특정 도시에 본부를 두고 있다.

이와 함께 여럿이 모여 회의를 하려면 회의를 주재할 의장이 필요하다. 아무리 동등한 자격을 가지고 모인다지만 발언권은 특별한 의미가 있으며 이를 조정하는 의장의 비중은 막중하다. 이 두 가지를 충족시키려면 임나 소속국 중에서 가장 영향력 있는 나라에서 의장을 맡으면서 장소를 제공해야 한다. 이 역할에는 당시 가장 영향력이 컸던 김해의 금관가야가 적합하다.

임나가라라는 명칭도 임나의 본부가 있는, 그래서 임나의 중심이 되는 가라국을 의미한다. 김유신(金庾信) 계열이 임나 왕족이라고 기록된 것도 금관가야 출신이기 때문이다. 여기까지는 여느 연맹체와 다른 것이 없다.

백제가 가야 지역을 장악하기 이전에 가야가 이런 연맹체를 구성하는 단계까지는 갔다고 보는 것이 보통이지만 임나라는 연맹체는 좀 더 특별한 의미를 가진다. 그 이전에는 어떠했든 간에 임나라는 명칭으로 등장하면서부터는 이 연맹체가 소속국들의 자체 필요성보다는 외부 세력인 백제의 필요에 의해 만들어졌기 때문이다. 그래서 임나의 구조는 보통의 연맹체에서 보기 어려울 만큼 독특한 형태를 띠게 된다.

임나일본부란 무엇인가?

임나가 연맹체 성격을 갖고 있었다는 점은 분명해진 듯하지만, 보통 연맹체에 비해 특이한 성격을 가지고 있었다는 점은 잘 알려져 있지 않다. 그러한 특징 중 우선 주목해봐야 할 특징은 가야 제국과는 명백히 이질적인 집단인 이른바 '일본부(日本府)'가 임나에 끼어 있다는 점이다.

이른바 '임나일본부(任那日本府)'가 그것이다. 그동안 임나일본부의 실체에 대해서는 고대사에서 둘째가라면 서러울 정도의 관심이 쏟아졌다. 이 실체를 어떻게 해석하느냐에 따라 이 시기 역사에 대한 서술이 완전히 달라지기 때문이다. 그래서 '진구황후가 가야를 정벌하고 그 지역을 통치하기 위해 설치한 기관'이라는 주장부터 시작해서, 백제가 가야를 정복하고 군사령부를 두어 지배했다는 설, 사신·교역기관 등으로 보는 여러 학설 등이 제기되었다. 그러나 어느 하나도 약점이 노출되지 않은 것이 없다.

여기서 그동안 임나일본부의 실체가 제대로 밝혀지는 데 걸림돌 역할을 했던 요인 하나를 더 지적해야 할 듯하다. 바로 '임나'와 '일본부'가 별개의 조직체였다는 사실을 간과한 점이다. '임나일본부'라는 용어가 쓰이기는 했지만 이러한 사례는 다섯 번 정도에 그치며, 쓰임새를 볼 때 오히려 '일본부'의 별칭에 불과했다. 그럼에도 별개의 두 조직을 뭉뚱그려놓고 실체를 규명한다고 했으니, 그 실체가 제대로 밝혀지면 오히려 이상할 일이었다.

이러한 미스터리를 풀 열쇠는 임나가 가야 제국의 연맹체지만 궁극적으로 임나를 통제한 세력은 백제라는 점에서 찾아야 한다. '일본부'가 임나에 끼어 있는 배경을, 임나가 형성되는 과정 즉 백제가 가야 지역을 세력권에 넣는 과정에서 찾아야 한다는 것이다.

왜는 신라 때문에 한반도를 통한 대륙과 교역에 타격을 받고 있었다. 왜가 백제에 적극 협조한 것은 이 문제 때문이었다. 왜가 백제에 협력하기로 한 이상, 백제도 왜의 숙원을 해결해줘야 할 책임을 지니는 셈이다.

불교나 유교 등 고등 종교·철학 같은 일부 문화적인 욕구는 백제인들을 파견하여 직접 해결해줄 수 있지만, 선진 문물 도입에 대한 왜의 욕구 모두를 백제가 충족시켜주기는 부담스럽다.

따라서 이것이 자연스럽게 해결되도록 유도하는 편이 백제에는 부담이 덜 된다. 대안은 전통 교역 파트너였던 가야 제국의 연맹체에 상설기구를 설치하여 왜의 대표부를 동등한 자격으로 참여시켜주는 것이었다. 그렇게 하면 전통 교역 루트가 회복되면서 왜는 자연스럽게 원하는 선진 문물을 도입할 수 있다.

이렇게 해서 설치된 것이 이른바 '일본부'다. 쉽게 말해서 임나일본부란 임나에 파견된 왜의 대표부를 가리키는 말이다. 지금 식으로 말하자면 임나 주재 일본대표부(일본이라는 용어는 8세기에나 가서야 쓰였으니 실제로는 왜대표부라 해야 옳다)쯤 될 것이다.

임나에 파견된 왜의 요원은 임나 국사(任那國司)라고 불렀다. 일본부 경(卿) 등으로 기록된 경우가 있기는 하지만 일본이라는 용어가 8세기부터 쓰였기 때문에 당시 쓰이던 용어는 아닌 것 같다.

왜가 워낙 이질적인 집단이기 때문에 가야 제국에서 파견된 요원과는 구별되는 경우가 많지만 어쨌든 임나를 구성하는 한 요소인 것만은 분명하다. 이런 대표부를 통해 왜는 교역 문제를 비롯해 한반도와 얽힌 여러 가지 정치적·경제적 현안을 조정할 수 있다. 다시 말해 창구를 갖게 된 셈이다.

임나 속에 일본부가 생기는 것은 단순히 왜의 필요를 충족시키는 이상의 파생 효과를 가진다. 가야로서도 일본부가 생기는 것이 별로 나쁠 게 없다. 가야 또한 장기간 우호관계를 유지해왔던 왜와 좀 더 활발하게 교류할 수 있는 창구를 가지는 셈이기 때문이다.

이런 방식이 백제에도 편리하다. 가야 제국과 왜까지 연맹체로 묶어놓으면 한 단위로 상대할 수 있고, 복잡한 세부 사항은 그들끼리 해결하도록 떠맡길 수 있다. 백제는 배후에서 총괄 관리·감독만 하면 되는 것이다.

사실 가야 제국 사이의 문제나 가야와 왜 사이의 문제에 골치 아프게 백제가 끼어들 필요는 없다. 백제가 영향력을 행사해야 하는 문제는 따로 있다. 동맹체에 속하지 않은 외부 세력, 즉 고구려나 신라를 상대할 때만 간섭하면 되는 것이다.

백제가 임나를 매개로 한 동맹체를 만든 목적 자체가 이런 것이었다. 장래에 고구려나 신라와 분쟁이 생길 경우 가야와 왜에서 병력과 물자를 동원해야 한다. 이 경우 가야 소국 하나하나에 동원할 자원의 양과 방법을 일일이 지시하려면 힘이 든다. 가야 소국 각각의 사정에 맞춰 공평하게 부담을 나누어주는 것 자체가 불가능에 가까울 정도로 어렵다. 사방에서 볼멘소리가 터져 나올 것이 뻔한데 이런 부담을 질 필요가 없다. 동원해야 할 물자와 필요한 노동력의 총량만 제시하고 구체적인 분배는 가야 제국들끼리 정하도록 하면 그만이다. 이렇게 가야 소국 하나하나와 직접 마주 앉아 의논할 필요 없이 전체 윤곽만 제시해주고 세부적인 문제는 자기들끼리 알아서 해결하도록 하는 편이 백제에 편리하다는 것이다.

임나 감독관, 목라근자와 목만치

『일본서기』에는 369년 백제·왜 연합군이 가야 지역을 평정했을 때 참여했던 백제 장군 목라근자(木羅斤資)와 아들인 목만치(木滿致: 목리만치木刕滿致·목협만치木刕滿致 등으로도 쓴다)가 임나의 일을 전담했다는 기록이 나온다.

백제에서 가야 제국의 정치적 통합체인 임나를 관리·지배하기 위해 장수(將帥) 목라근자를 감독관으로 파견했다는 뜻이 되겠다. 목라근자는 가야 지역을 백제 세력권으로 흡수하는 데 공이 컸을 뿐 아니라 그 자체로 가야 제국의 사정을 잘 파악할 수 있는 지위에 있었기 때문에 그가 임나를 통제하는 역할을 맡은 것은 일면 당연하다.

목라근자의 역할은 아들 목만치에게까지 연결된다. 임나 전체를 통제하는 중요한 지위가 세습된 것은 하나의 관행일 수 있지만, 그 지역을 잘 파악하고 있어야 한다는 점도 작용했을 것이다. 당시 상황에서는 가야를 잘 파악하고 있는 백제인이 많을 수가 없다. 현지 사정을 잘 알고 있으려면 상당 기간을 현지에서 보내야 하는데 교통이 불편한 그 시절에 백제인이 가야와 백제를 계속해서 드나들기는 곤란하다.

목라근자만 하더라도 현지에서 여자를 얻어 아들 목만치를 얻는다. 교통이 불편한 탓에 양국을 왕래하면서 업무를 수행하기는 어렵기에 백제의 유력한 귀족이면서도 백제보다는 임나에 있는 시간이 훨씬 많을 수밖에 없다.

장기간 객지에서 살다 보니 가정을 이루어야 할 필요를 느꼈을 것이다. 어차피 혼인은 해야 한다면 복잡하게 백제까지 돌아와 신붓감을 고르기보다 현지 여자를 택하는 쪽이 편했을 것이다. 현지 여자를 맞이하여 가야인들과 유대를 돈독히 하려는 의도도 있었을지 모른다.

부자 사이인지가 의심스럽다는 말이 나올 정도로 아들인 목만치와 나이 차이가 꽤 나는 이유 역시 한동안 임나 즉 가야 지역에 머물다가 뒤늦게 가정을 이루어 목만치를 낳았기 때문일 것이다.

이렇게 대를 이은 목라근자 일가의 활동 덕분에 백제는 한동안 임나 곧 가야에 대한 통제를 공고히 할 수 있었다. 『일본서기』에 목라근자의 아들인 목만치가 "아버지의 공으로 임나에서 전횡했다"라고 한 것에서 목라근사 이후 목씨(木氏) 가문이 임나 관계의 일을 총괄함으로써 세력 기반을 다졌음을 알 수 있다.

임나에서 일군 세력을 기반 삼아 목씨 가문은 백제의 대성팔족(大姓八族) 중 하나로 꼽힐 만큼 백제 국내 정치에서도 두각을 나타내기 시작했다. 16세의 어린 나이에 구이신왕(久爾辛王)이 즉위하자 이를 틈타 목만치는 왕의 모후와 깊은

관계를 맺음으로써 왕모의 권위를 등에 업고 국정을 잡았던 것이다.

이후 『삼국사기』의 기록에는 목씨 가문의 인물로 문주왕 (文周王)이 웅진(熊津)으로 천도할 때 함께 남쪽으로 갔던 목협만치(木劦滿致)가 등장한다. 이 목협만치가 구이신왕 대에 전권을 휘두른 목만치와 동일인이냐 동명이인이냐에 대해서는 논란이 많으나, 분명한 것은 목씨 가문이 문주왕 재위 기간에도 권력 핵심부에 존재했다는 사실이다.

한편 문주왕의 웅진 천도 이후 불안정한 상황 속에서 해씨(解氏) 세력이 실권을 잡고 위세를 떨치자 목만치는 해씨 세력에 밀려 왜로 건너가 소가씨(蘇我氏)의 시조가 되었다고 도 한다. 하지만 사료에서 확인되는 내용은 아니다.

어쨌든 백제 장수인 목라근자 이후 목씨 가문은 임나 관계 업무를 총괄하면서 정치 세력을 형성했다. 임나에서 구축해놓은 세력을 기반으로 구이신왕에서 문주왕에 이르기까지 국정을 장악했을 뿐 아니라 왜에까지 진출하는 등, 이 시기 가장 비중 있는 권문세가로서 백제·가야·왜 지역을 활발하게 왕래하며 거대한 세력권을 구축했던 것 같다.

임나를 둘러싼 국제 정세의 변화

4세기 중엽에서 말엽까지 한반도 남부의 국제 정세는 백제와 고구려가 양축을 형성하고 있었다. 백제가 중심이 된 한 축에는 가야와 왜가 백제에 동맹 체제로 묶여 있었다. 그 반대쪽에 백제를 위협하던 한 축인 고구려가 있었다. 여기에서 약간 애매한 처지에 놓여 있던 세력이 신라였다. 한반도 남부에 백제 중심의 동맹체가 형성될 때, 신라는 백제와 화친을 맺기는 했지만 동맹 체제에 가담한 것은 아니었다.

백제가 신라까지 적극 통제하기는 어려웠을 것이다. 가야조차 직접 지배하지 못하는 상황에서 훨씬 세력이 크고 이해관계도 다른 신라까지 통제하려 하다간 분쟁이 생기기 십상이다. 백제가 한반도 남부에서 세력 확장을 꾀한 것은 배후의 안정을 도모하자는 것이었지 새로운 전선을 형성하자는 것은 아니었다. 따라서 신라에 지나친 압력을 넣는 것은 피할 수밖에 없었다.

직접 간섭을 하지 않고 신라의 기득권을 빼앗는 것만으로 소기의 목적은 달성할 수 있었다. 가야와 왜가 백제에 적극 협조하게 만들 수 있었던 것도 신라의 압박을 받지 않도록 해주었기 때문이라 할 수 있다. 결국 신라가 누리던 기득권을 빼앗아 가야와 왜에 나누어준 셈이다. 이 정도만으로도 신라로서는 막대한 손해를 본 것이다. 백제야 동등한 위치에서 화친을 맺어 적대 행위만 피하면 그만이지만, 그것이 신라가 본 손해를 벌충해주는 것은 아니다. 강요된 평화로 인해 신라가 얻은 것은 아무것도 없었다. 내심 불만이 없을 수 없다.

실은 단순한 불만으로 그칠 문제가 아니었다. 지역 패권이 백제에 넘어가면서 자신들 세력권에 있던 가야까지 이탈하여 백제 측에 가담했다. 거기에 별 볼일 없다고 냉대해서 적으로 만들어버린 왜까지 백제가 주도하는 동맹체에 가담해버렸다. 지역 패권을 빼앗긴 것으로 끝나지 않고 국제적으로 고립된 것이다.

이 고립에서 벗어나 활로를 찾지 못하면 신라의 장래가 어떻게 될지는 뻔했다. 신라의 태도는 백제의 독산성주(禿山城主)가 300명의 백성을 이끌고 신라로 귀순한 사건이 일어났을 때부터 노골적으로 나타나기 시작했다. 백제 근초고왕이 "두 나라가 화친을 맺어 형제가 되기를 약속했는데, 지금 도망한 우리 백성을 받아들이는 것은 화친한 뜻에 어긋나니 돌려보내달라"며 소환을 요청했다. 그러자 신라 내물마립간(奈勿麻立干)은 "백성은 일정한 마음이 없어서 생각나면 오고 싫어지면 가버리는 것이다. 대왕[근초고왕]께서는 백성이 편치 않음을 걱정하지 않고 왜 과인을 나무라는가?"라며 딱 잘라 거절해버렸다.

백제로서는 괘씸했겠지만 더 이상 문제 삼지 않았다. 그러나 신라의 각오는 달랐다. 독산성주의 망명 사건을 처리하는 신라의 태도가 백제의 심기를 불편하게 했다는 점을 모를 리 없었다. 백제가 당장은 문제 삼지 않는다고는 하지만 기회가 오면 어떤 일을 할지 알 수 없었다. 뭔가 대책이 필요했다.

신라로서는 선택의 여지가 별로 없었다. 이 모든 사태의 원인 제공자가 백제였기에, 보복하기 위해서는 물론 고립에서 벗어나기 위해서라도 고구려에 접근하는 것 말고는 달리 길이 없었다. 이렇게 해서 4세기 후반 고구려와 신라는 동맹을 맺는다.

고구려로서는 신라의 접근을 마다할 이유가 없었다. 고구려는 신라의 성의에 보답이라도 하듯, 377년(내물마립간 22) 신라 사신을 진진(前秦)에 데려가 소개시켜주기까지 했다. 덕분에 신라와 전진의 통교는 한동안 지속될 수 있었다. 신라는 고구려 덕분에 국제 무대에 데뷔한 셈이다.

신라의 고구려 접근은 가속화되어 광개토왕(廣開土王)의 즉위에 즈음해서는 후에 왕이 된 실성(實聖)이 인질로 가며 결속을 다졌다. 고구려와 신라의 급격한 접근으로 고구려·신라 동맹과 백제·가야·왜 동맹이 대립하는 구도가 형성되어간 것이다. 일종의 양극화 현상이라 할 수 있다.

고구려와 백제의 분쟁에 말려든 임나

그렇지만 이 체제는 그리 오래가지 못했다. 고구려에 대한 신라의 접근 자체가 새로운 구도의 형성이자 이 구도를 스스로 파괴하는 발단이었다. 백제를 자극하지 않을 수 없었기 때문이다. 백제로서는 이 사태를 자신들에 대한 신라의 도전으로 받아들일 수밖에 없었다. 어떠한 식으로든 신라를 응징하지 않으면 국제적 위신이 문제가 될 수 있었다.

그렇다고 해서 직접 신라를 응징하려 하지는 않았다. 배후의 고구려를 의식해야 했고 여유도 없었다. 광개토왕이 즉위한 이후 고구려와 백제 간 전선은 4, 5년 동안 단 한 해도 무사히 넘어가지 않았다.

광개토왕은 즉위한 해인 391년 7월, 4만 명의 군사를 이끌고 백제를 침공했다. 백제는 맞대응할 엄두조차 내지 못했고 한강 북쪽의 여러 부락들은 고스란히 고구려의 손에 넘어갔다. 그 이후로도 고구려와 힘겨운 전투를 치러내야 했던 백제의 처지에서 신라를 응징할 병력까지 염출해낸다는 것은 상당한 부담일 수밖에 없었다. 더구나 나날이 불리해지는 고구려 전선의 상황을 외면하고 병력을 동원할 수는 없었다.

백제에는 병력을 동원하지 않고 신라를 응징할 대책이 있었다. 그동안 공들여 동맹 체제를 정비해놓은 것은 궁극적으로 이러한 사태에 대비하기 위해서였다. 백제는 일단 동맹 세력의 일원인 왜병을 동원하여 신라를 치게 했다. 실성이 고구려에 인질로 간 바로 다음 해인 393년(내물마립간 38), 30년간이나 중지되었던 왜의 신라 침공이 재개되었다.

이 작전 자체는 실패했다. 신라가 백제 측에서 가만히 있지 않을 것이라는 점을 눈치 채고 나름대로 대책을 세웠던 것이다. 농성하며 왜병이 물러가기를 기다리던 이전과는 달리 이번에는 기병을 동원하여 퇴로를 차단하고 퇴각하는 왜병을 추격하여 섬멸하는 전술을 썼다. 반격을 각오하고 벌인 일이기 때문에 적극 대처하겠다는 의도가 분명했다. 대책 없이 침공에 나섰던 왜병은 상당한 희생을 치렀다.

그렇지만 이 침공은 단순한 일과성 사건으로 끝날 문세가 아니었다. 실패를 경험한 백제와 왜는 대책을 강구한다. 곧 침공은 재개된다. 그냥 재개되는 정도가 아니라 빈도와 강도가 이전과는 비교할 수 없을 만큼 강화된다.

공격 방향과 전술을 바꾸어버린 것이다. 393년 이전까지만 해도 왜가 신라를 공격하는 패턴은 바다를 건너 해안에 상륙한 후 해안 지대의 백성과 재물을 약탈해 가는 경우가 태반이었다. 이 당시 지명이 현재의 어디를 가리키는지는 정확히 알 수 없지만, 목출도(木出島)니 풍도(風島)니 하는 섬 지역에서 전투가 벌어지는 경우는 왜병이 공격해 온 방향이 바다였음을 보여준다. 사도성(沙道城) 역시 "우로(于老)가 바람을 이용하여 불을 놓아 배를 불사르니 적이 물에 빠져서 다 죽었다"는 기록이 있는 것으로 보아 바다 쪽이었음이 분명하다.

내륙으로 들어오는 경우도 있지만 금성(金城)·명활성(明活城)·월성(月城) 등 수도권의 성을 공격하는 경우가 대부분이다. 지금의 경주(慶州)에 해당하는 신라 수도는 해안에서 멀지 않으므로 이 역시 해안으로 상륙해서 내륙에 있는 경주까지 진격해 오는 패턴으로 봐야 한다. 이 밖에 장봉성(長峯城)이니 사도성이니 지금의 어디인지 알 수 없는 곳을 공격하는 경우가 가끔 나오지만 이 역시 해안에 상륙해서 내륙으로 들어오는 패턴에서 크게 벗어나지는 않을 것이다.

393년의 공격 실패 이후로는 이 패턴이 달라진다. 나중에 언급하겠지만, 신라를 도와주러 온 고구려군이 침입해 온 왜병을 임나가라까지 추격한다거나, 광개토왕비(廣開土王碑)에 "남거성(男居城)에서 신라성(新羅城)까지 왜병이 가득 찼다"는 기록이 나오는 것으로 보아 이때의 공격 방향은 육지, 정확히 말해서 임나가라 방면이었다.

이런 공격 패턴의 변화는 전쟁 양상을 근본적으로 바꿔놓는다. 4세기 이전 침공에서 왜병이 안고 있던 근본 약점은 바다를 건너야 한다는 것이었다. 이 때문에 신라에 심각한 타격을 가하기가 어려웠다. 왜병이 단독으로 신라를 공격하는 한 이 약점은 어쩔 수 없는 것이 되고 만다.

그러나 육지 쪽에서 공격하면 사정은 달라진다. 이 자체만으로 신라가 받는 압력의 격이 달라지는 것이다. 왜의 약점이 단번에 사라져버리기 때문이다. 육지 쪽에 기지를 확보하고 공격하면 바다를 가로질러 병력과 군량을 수송해야 한다는 부담이 사라진다. 선박을 준비할 필요도, 보급선을 유지할 필요도 없어진다. 상륙할 때 대기시켜놓은 선박이 있는 지점으로만 퇴각해야 한다는 약점 또한 사라진다. 가야 지역이 신라와 강 하나를 사이에 두고 있을 정도로 가깝기 때문에 일단 철수한 이후 재공격을 하기도 쉬워진다. 수시로 부담 없이 신라를 공격할 수 있게 된 것이다.

반면에 신라의 약점은 심각하게 드러난다. 공격받을 지점을 미리 알고 지킬 수 없는 것은 그대로지만 이제는 상륙한 지점만 파악하면 퇴로를 차단할 수 있던 전술을 쓸 수가 없게 되었다.

단 이 변화의 전제조건은 한반도에 협조해주는 세력이 있어야 한다는 것이다. 이 때문에 왜가 가야에 전진기지 같은 기반을 가지고 있을 정도로 가야 지역을 장악하고 있었다는 주장을 하기도 했다. 물론 실제로 왜가 가야 지역을 장악했기 때문에 임나가라를 기반으로 해서 신라를 공격했던 것은 아니다. 이런 기반을 제공한 것이 바로 임나다.

일본부까지 포함된 임나는 평상시에는 정치 연맹체지만 유사시에는 지금의 NATO처럼 집단 안보 체제 역할을 할 수 있었다. 이에 힘입어 왜병의 신라 침공은 이전처럼 왜병이 단독으로 바다를 건너 신라는 치는 형태가 아니라, 임나라는 보급기지 내지 전진기지를 기반으로 육지에서 공격하는 형태로 바뀐다. 임나라는 조직을 통해 가야 제국이 보급 문제를 해결해주므로 왜병은 전투 이외에는 신경 쓸 필요가 없다. 이런 전략이 가능했던 것은 물론 백제의 통제가 있었기 때문이다.

덕분에 왜병은 신라의 지원부대가 오는 것도 별로 걱정할 필요가 없어졌다. 공격하는 성에 접근하는 주요 통로에 정찰 병만 배치하면 지원부대가 오기 전에 미리 간파하고 철수해버릴 수 있다. 이렇게 되면 왜병은 신라와 가야 국경 지대를 오가며 마음 내키는 대로 신라 성을 골라 공격할 수 있다. 신라와 가야 국경 지대는 왜병이 완전히 장악하게 된다.

광개토왕비에 "남거성에서 신라성까지 왜병이 가득 찼다"는 기록이 나오는 것도 왜병이 그만큼 많다는 의미가 아니라 국경을 장악했다는 의미다. 국경 지역에서는 언제 왜병이 나타날지 모르는 상황이 되므로 신라인들은 성 밖 출입조차 자유로울 수가 없다. 자기네 영토임에도 행동에 제약을 받는 것이다. 왜병이 국경 지역에 가득 찬 것처럼 느낀 것도 당연하다.

임나가라 정벌과 동맹의 붕괴

왜병에 시달리던 신라도 일방적으로 당하기만 할 것이 아니라 침공해 온 왜병을 가야 지역까지 추격하여 뿌리를 뽑아버리는 방법을 고려했을 것이다. 그러나 현실적으로는 이 방법을 택하기 어려웠다. 이렇게 되면 전쟁의 양상이 완전히 달라지기 때문이다.

신라군이 가야의 성을 공격하는 순간 왜병을 격퇴하는 방어전이 아니라 가야에 대한 침공이 된다. 가야와 왜는 물론 백제까지 연결되는 동맹 체제에 도전하는 꼴이 되는 것이다. 신라가 단독으로 이런 전략을 펼 경우 승산이 있을 턱이 없다. 왜병까지 가세한 가야의 거점을 공격하여 점령하기 어려울 뿐 아니라 가야 지역에 전력을 집중시켜놓고 있다가 언제 있을지 모르는 백제의 공격에 속수무책으로 당할 수도 있다.

신라 단독으로는 해결하기 어려우니 고구려에 의지하는 것 외에는 대안이 없었다. 내물마립간은 고구려 광개토왕에게 사신을 보내 지원을 호소했다. 신라의 요청을 받은 광개토왕은 수락했다. 신라의 요청도 요청이지만 신라가 받은 압력을 좌시할 경우 고구려의 대외 위신이 추락한다는 점도 고려했을 것이다. 또 백제 중심의 동맹 체제를 붕괴시킬 좋은 기회라고 생각했다. 즉위 이래 4, 5년간 매년 백제와 전쟁을 벌였지만 아직 결정적인 타격을 가하지 못하고 있었다. 우회적으로 타격을 줄 수 있는 절호의 기회였다.

광개토왕은 나름대로 치밀한 전략을 짰다. 자신에게 구원을 호소하는 신라를 돕는다는 측면에서라면 백제에 대한 직접적 압력은 무의미하다. 신라를 침공하는 왜병을 몰아내는 것이 급선무다. 물론 단순히 몰아내는 것만으로는 의미가 없다. 다시는 돌아오지 못하도록 뿌리를 뽑아야 한다. 그러려면 신라에 투입된 왜병뿐 아니라 배후에서 전진기지 역할을 하고 있는 임나까지 공격하지 않으면 안 된다. 고구려군이 가야 지역에 선제공격을 가하는 방법도 있지만 단순히 밀고 들어가기만 해서는 충격력이 떨어진다. 충격을 최고로 높이려면 공격해 오는 적에게 반격을 가해 그 탄력을 이용하는 방법이 최선이다.

고구려가 백제에 압력을 넣고 있다는 막연한 사실만 가지고는 신라의 안전을 보장할 수 없었다. 고구려와 백제의 전쟁에서는 고구려가 계속해서 개가를 올리고 있지만 신라에 대한 왜의 압력은 줄어들지 않았다.

또 군사작전이란 타이밍이 중요하다. 백제군이 신라를 공격할 시점을 정확하게 알아내는 것이 근본적으로 불가능한 이상, 신라가 초토화된 다음에 고구려군이 백제를 공격해봤자 승리하더라도 신라를 구원한다는 측면에서는 아무 의미 없는 결과가 된다.

이 모든 요소를 고려하여 광개토왕이 구상한 전략은 대충 이런 것이다. 먼저 고구려군을 비밀리에 신라 접경 지역에 배치한다. 그러고는 신라의 협조를 받아 왜병의 공격 시점을 정확히 파악하여 고구려군이 공격에 나선다. 왜병이 후퇴하면 끝까지 추격하여 가야에 있는 전진기지를 공격하는 것도 불사한다.

이 상황에 대비하여 5만 명이라는 압도적인 전력을 갖춘 것이다. 고구려가 상대 전력을 고려하여 병력을 동원했을 것이라는 막연한 전제 아래 왜의 전력 역시 고구려군에 버금가는 수준이 되지 않았겠느냐고 추측하는 경우가 많다.

그러나 이후 상황 전개를 보면 이런 추측은 전혀 설득력이 없다. 밀려오는 고구려군에 왜병은 싸워볼 생각조차 못하고 임나가라로 후퇴했고 임나가라도 바로 항복해버렸다. 왜병이 고구려군과 비슷한 전력을 갖추고 있었다면 이렇게 싸워보지도 않고 퇴각한다든가, 왜병이 퇴각해 간 임나가라가 곧바로 항복해버린다든가 하는 일이 일어날 턱이 없다.

광개토왕이 노린 것이 바로 이 점이다. 5만 명이라는 병력 규모는 당시 신라는 물론 백제조차 동원해본 적 없는 대병력이다. 왜병에 대해 이런 규모의 병력을 동원한 것은 그 자체만 보면 '닭 잡는 데 소 잡는 칼을 쓴 격'이다. 그렇지만 전략적인 견지에서 전반적인 상황을 보면 그렇게 간단한 문제가 아니다. 왜병만 고려해서 적절한 수준의 병력만 동원한다면 실전 심리상 질 때 지더라도 한 번쯤 저항을 시도해보기 마련이다. 왜병이 벌판에서 고구려군과 맞서 싸우는 무모한 짓을 할 턱이 없는 이상, 성에 들어가 농성하는 상황을 상정해야 한다. 필연적으로 공성전이 되는데 한반도에서 공성전은 엄청난 시간과 전력의 소모를 요구한다.

공성전에 말려들면 고구려 역시 골치가 아파진다. 고구려는 백제뿐 아니라 북방에도 연(燕) 같은 적을 두고 있었다. 사방에 적을 둔 고구려군이 신라·가야 지역에서 하염없이 시간과 전력을 소모하며 대병력을 묶어두고 있을 수는 없는 일이다. 고구려군의 목표는 당연히 속전속결이 되는데 그러려면 애초부터 저항할 꿈조차 못 꿀 정도의 대병력을 동원하여 압박하는 것이 상책이다. 이는 또한 신라를 비롯한 주변 국가에 고구려의 힘을 과시하는 효과가 있다.

임나는 크게 저항하지 않았다. 백제도 개입해볼 기회조차 잡지 못했다. 임나가라를 비롯한 임나 전체가 순식간에 무너져버린 것은 이러한 압도적인 고구려의 무력에 저항할 생각을 하지 못했기 때문이다. 사실 임나로서는 이렇게 위급한 상황에서 구해주지 못하는 백제에 자신들의 운명을 걸고 싶지 않았을 것이다. 이 작전으로 백제가 30년 동안이나 공들여 구축해놓은 동맹체의 핵심, 임나가 붕괴해버린다.

백제는 다음 해 뒤늦게 왜병과 함께 고구려를 공격해보지만 때는 이미 늦었다. 이제 와서 고구려를 공격한다고 고구려에 혼이 난 임나가 백제 쪽으로 돌아설 리 없었다. 30년 동안 유지되어오던 백제·가야·왜의 동맹 체제는 임나의 붕괴와 함께 막대한 타격을 받았다.

광개토왕의 임나가라 정벌은 단순한 정벌로 그친 것이 아니라, 고구려와 백제의 갈등에 신라·가야·왜 등 주변 세력이 모두 말려들어 그 결과 백제·가야·왜의 동맹 체제가 붕괴되는 분기점이 되었다. 이 사태는 이후 벌어질 혼란을 예고하고 있었다.

독자 노선을 위한 몸부림

가야의 재기

백제·신라·왜의 관계가 고구려와 얽혀 요동치고 있는 동안 가야는 역사의 전면에 등장하지 못했다. 임나가라가 고구려군에 항복한 이래 임나는 일시적으로나마 붕괴되어 등장할 만한 형편이 못 되었기 때문이다. 중심 세력인 임나가라 즉 금관가야부터 많은 제약을 받았다. 이 때문에 금관가야는 그전까지 누려왔던 가야 연맹체 임나의 맹주 자리에 다시는 올라서지 못하게 되었다.

그렇다고 가야 전체가 그대로 주저앉은 것은 아니다. 백제와 신라가 고구려와 열전을 치르느라 가야에 대해 크게 신경 쓰지 못한 것이 가야가 재기할 수 있는 요인이 되어주었다. 가야의 여러 나라들은 일단 임나부터 재정비하기 시작했다. 임나 자체는 비록 백제의 편의를 위해 만들어지기는 했지만, 가야에도 임나의 존재가 꼭 불리하게만 작용한 것은 아니었다. 백제 주도로 만들어진 체제였지만 임나는 가야의 여러 나라들을 하나로 묶어주는 역할을 훌륭하게 해낼 수 있었다. 그렇기 때문에 가야의 여러 나라들은 임나를 해체하지 않고 유지해나가려 한 것이다.

무엇보다 5세기라는 시점에서 가야가 백제나 신라처럼 당장 통합된 왕국으로 발전하기는 어려웠다. 가야의 어느 나라가 강력한 힘을 가지고 주변 여러 나라를 흡수하면서 통합해나가야 하는데, 그러자면 가야 내부에서 알력이 생기지 않을 수 없다. 백제·신라 같은 가야에 비해 강력한 나라들을 옆에 두고 내분이 생기는 것은 기야의 이느 나라에든 자멸 행위나 다름없다. 내분이 가야 세력권에 주는 악영향은 3세기 포상팔국의 난 때 겪어본 바 있었다. 이러한 사태를 피하는 방법은 현실적으로 연맹체를 그대로 유지하는 것 이외에는 없었다.

이 과정에서 임나 내부에 커다란 변화가 일어났다. 금관가야가 몰락한 이후 대가야(大加耶: 현재의 경북 고령 지역)가 급

부상한 것이다. 많은 임나 소속국 중에서 왜 대가야가 중심 세력으로 부상했는지 자세히 알 수는 없지만, 5세기 후반 무렵 대가야가 임나의 맹주로 부상했음은 확실하다.

초기에 임나 내부에서 그리 큰 비중을 차지하지 못했고, 지정학적으로도 내륙 깊숙이 자리 잡고 있었기 때문에 오히려 전쟁의 화를 면할 수 있었던 것 같다. 즉 고구려의 임나가라 정벌로 금관가야는 타격을 받고 힘을 잃은 반면, 대가야는 별다른 타격을 받지 않고 힘을 축적할 수 있었던 셈이다.

그리고 이 사실은 불가피하게 임나 자체의 개편을 부르지 않을 수 없었다. 임나를 대표하는 나라가 바뀌어야 했던 것이다. 임나에 소속된 나라들을 결집시켜 끌고 나가려면 임나의 의장 역할을 맡는 나라가 기본적인 힘을 갖추고 있어야 한다. 힘을 잃은 금관가야로서는 더 이상 임나의 의장을 맡을 수 없었다. 임나의 조직이 힘 있는 대가야 중심으로 개편한 것은 당연했다.

이렇게 대가야 중심으로 재편되고 난 이후 임나의 성격 변화도 두드러지게 나타나기 시작했다. 자체 정비가 어느 정도 마무리되자 대가야가 임나의 맹주로서 본격 대외 활동을 개시한 것이 변화의 원동력이었다. 그중 주목할 만한 활동이 475년 중국의 남제(南齊)에 독자적으로 사신을 파견하여 책봉을 받은 일이다.

대가야가 책봉을 받았다는 사실은 대가야를 중심으로 한 임나의 독립성을 국제적으로 선포했다는 의미가 된다. 비록 남제 측에서 곧바로 왜왕 무(武)에게 다시 가라를 포함한 '육국제군사(六國諸軍事) 안동대장군(安東大將軍)'을 주어서 빛이 바래기는 했지만, 주변의 나라들에 독자 외교를 할 수 있다는 점을 보여준 셈이다.

광개토왕 시절에 동맹의 전쟁에 말려들어 혼이 난 가야로서는 자주·자립의 중요성을 절감할 수밖에 없었다. 재기를 시도하는 시점에서 대외적으로 하나의 독립 세력임을 인정받으려 시도한 것은 일면 당연하다고 할 수 있다. 이제 임나는 백제의 조종에 따르는 허수아비 같은 존재가 아니라 명실상부하게 가야 자체를 위한 연맹체가 된 것이다.

가야 측에서는 능력을 과시하듯, 481년 신라를 침공한 고구려군을 격퇴하기 위해 백제와 함께 구원병을 파견했다. 496년에는 신라의 소지마립간(炤知麻立干)에게 꼬리가 나섯 자에 이르는 흰 꿩을 보내며 우호를 다졌다.

그렇지만 새롭게 독립을 쟁취하려는 시도에 난관이 없을 수는 없었다. 고구려라는 강적이 버티고 있고, 고구려를 물리쳐야 한다는 공동의 목표가 존재하는 한, 가야의 독립 노력은 이런 긴박감 덕분에 어느 정도 효과를 볼 수 있었다. 문제는 이 효과가 오래가지 않았다는 것이다. 난관이 닥친 것은 이율배반적이게도 그동안 가야는 물론 백제와 신라에 위협을 주던 고구려 세력이 퇴조하면서부터였다.

가야와 백제의 충돌

6세기에 들어서면서 백제·신라의 상호 원조와 백제의 재기로 한반도 남부에서 고구려의 영향력이 크게 퇴조하기 시작했다. 이것이 오히려 임나에는 불행의 시작이었다. 이와 함께 그동안 협조가 잘되어오던 백제와 임나 사이가 금이 가기 시작했다. 고구려의 압력을 받고 있는 동안은 백제로서도 고구려와 분쟁에 협조가 필요한 만큼 가야의 독자 노선을 눈감아줄 수밖에 없었다. 고구려 세력의 퇴조는 이제 백제에 임나의 협조가 그다지 시급한 것이 아니라는 의미가 된다.

백제는 이 틈을 타서 옛 영광을 되찾기 위한 시동을 걸었다. 이를 위한 첫 번째 작업이 근초고왕 대에 확보했던 백제 세력권을 회복하는 것이었다. 이 문제는 백제의 국제적 위신이 걸린 것이기도 했다. 근초고왕 때 임나는 물론이고 마한의 잔여 세력들이 백제 세력권으로 흡수되었다. 그런데 백제가 고구려의 압력으로 약화된 틈을 타 이들이 독립을 되찾으려는 기미를 보이고 있었던 것이다.

백제로서는 일단 이들에 대한 이전의 영향력을 회복하려 했다. 첫 번째 목표는 옛 마한 지역으로 잡았다. 그 지역에 자리 잡고 있던 세력과 알력이 생기지 않을 수 없었다. 알력은 점차 무력이 동반되는 분쟁으로 발전하기 시작했다.

시기가 정확하다는 보장은 없지만 487년 무렵 기생반숙이(紀生磐宿禰)라는 인물이 백제 요원을 살해하며 분쟁이 가시화되었다. 초반에는 기습적으로 백제 요원을 죽이고 백제의 반격을 격퇴하는 데까지 성공했지만 장기간 버티지는 못했다. 결국 백제에 진압되고 말았던 것이다.

이 분쟁은 백제의 승리로 끝이 났지만 완전히 해결된 것은 아니었다. 이 분쟁에는 임나의 좌로(佐魯)·나기타갑배(那奇他甲背) 등이 가담하고 있었다. 기생반숙이라는 인물에 대해서는 어디 출신이고 어디 소속인지 구구한 해석이 많지만 임니의 요원이 가담하고 있는 것을 보아 배후에서 임나가 지원하고 있었음은 분명하다. 임나도 백제의 팽창을 경계하고 있었던 것이다. 일단은 백제가 임나의 중심 세력과는 조금 거리가 있는 지역을 1차 목표로 삼고 있지만 그 지역이 정리되면 임나가 다음 목표가 될 것이 분명했다.

비슷한 사건이 지금의 남원·임실 지역이라고 믿어지는 기문(己汶)·대사(帶沙) 지역을 놓고 다시 한 번 터졌다. 기문

·대사 역시 옛 마한 지역으로 근초고왕 이후 백제에 흡수되었다가 백제가 약화된 틈을 타 독자 노선을 추구하려던 지역이었다. 백제는 이곳에도 손을 뻗치기 시작했다. 독립을 원하는 이 지역이 의존할 수 있는 세력이라고는 임나밖에 없었다. 임나의 맹주 역할을 하게 된 대가야는 지원을 아끼지 않았다. 기문·대사 지역 분쟁은 백제와 대가야의 싸움으로 발전했다.

이 분쟁은 치열한 외교전으로 번졌다. 백제나 대가야나 분쟁을 벌이는 한편으로 제3자인 왜의 지지를 끌어내기 위한 노력을 기울였다. 서로 왜에 사신을 파견하여 자신들을 지지해줄 것을 요구한 것이다.

왜로서는 잠시나마 난감하지 않을 수 없었다. 백제나 임나의 대표격인 대가야나 전통 우방이다. 우방들끼리 싸움이 붙어 서로 자신의 입장을 지지해달라고 하니, 둘 중 하나와 우호관계를 포기하지 않을 수 없었던 것이다. 이 내용이 『일본서기』에는 백제와 대가야가 서로 기문 등의 땅을 달라고 졸라 백제에 주었다고 기록되어 있다. 물론 멀쩡한 자기 땅을 인심 좋게 남에게 주었다는 이런 기록은 허구다.

기로에 선 왜는 한동안 중립을 지키며 사태를 주시했지만 최종 선택은 냉정했다. 임나가 재기에 성공한 백제의 상대가 될 수는 없었다. 사실 왜가 백제를 지지하지 않을 수도 없었다. 싸움은 점점 백제에 유리하게 전개되었고, 기문 지역 또한 왜의 지지와 상관없이 백제 수중으로 넘어가버렸다. 왜로서는 백제의 승리가 기정사실이 되어가는 상황에서 공연히 백제의 미움을 살 필요는 없다고 느꼈을 것이다.

이 사건으로 대가야와 왜의 관계는 당연히 파탄이 났다. 대가야는 그 보복으로 지금의 섬진강이라고 여겨지는 대사강(帶沙江) 지역을 점령하고, 강을 통해 백제로 가는 왜인(倭人) 모노노베무라지(物部連) 일행을 급습했다.

백제는 왜와 관계를 강화할 수 있는 좋은 기회를 잡았다. 목숨만 간신히 건져 도망한 모노노베무라지를 목리불마갑배(木刕不麻甲背)를 보내 구조했다. 백제는 여기서 그치지 않고 모노노베무라지를 위로하고 선물까지 준 다음 주리즉차(州利卽次) 장군 호위 아래 본국으로 귀환시켜주었다. 백제는 내친 김에 오경박사(五經博士) 한고안무(漢高安茂)까지 파견해주었다.

백제와 왜가 가까워지기 시작하자 대가야는 위기를 느꼈다. 옛 마한 지역의 독립을 지원하여 백제와 임나 사이에 완충지를 만들려는 노력은 이미 실패했다. 기문을 비롯한 대다수 지역이 백제 수중에 들어갔다. 이 분쟁을 통해 임나의 힘만 가지고는 백제와 맞서기 어렵다는 사실은 분명해져가고 있었다.

임나에 소속된 나라들이 아직 대가야의 통솔을 따르고 있다지만, 백제가 임나를 직접 위협하기 시작하면 어떻게 될지 몰랐다. 주변 정세마저 불리해졌다. 왜는 이미 백제의 편으로 돌아서버렸고, 모노노베무라지 일행에 대한 습격 사건으로 감정까지 악화되었다.

대가야의 신라 접근과 실패

백제와 분쟁에서 밀리고 왜까지 외면하자, 임나로서는 고립무원 상태가 되는 것을 면하기 위한 대책이 필요했다. 대가야의 선택은 신라에 접근하는 것이었다. 고구려도 대안으로 고려해볼 수 있었겠지만 그것은 너무 위험한 선택이었다. 고구려와는 우호관계를 맺어본 적 없을 뿐 아니라, 고구려에 접근한다는 것 자체가 백제와 돌이킬 수 없는 적대관계가 됨을 의미했다.

백제와 분쟁을 벌이고 있었다지만, 이때까지는 옛 마한 지역이라는 완충 지역을 놓고 벌인 것이었지 대가야나 임나의 운명을 걸고 벌인 전면전은 아니었다. 그러나 고구려와 동맹을 맺는다면 문제가 심각해진다. 가야가 최대의 적 고구려와 동맹을 맺는 행위를 백제가 가만히 놓아둘 리 없으니 대가야나 임나 전체가 직접 위협받을 수밖에 없다.

따라서 백제와 관계에서 운신의 폭이 좁아진다. 자신들의 운명을 걸 만큼 고구려를 믿기도 어렵다. 잘못하면 고구려에 이용만 당할 수 있다. 이것은 대가야로서는 너무 위험한 도박이었다.

반면 신라에 접근하는 것은 상황이 전혀 다르다. 이 시점에서 신라는 백제의 동맹이다. 따라서 신라와 동맹을 맺었다고 해서 백제가 대가야를 비롯한 임나를 적대시할 수는 없다. 그러면서도 백제와 신라는 막후에서 임나를 놓고 경쟁을 벌여야 하는 입장이 된다. 그 틈을 이용하여 자립의 기반을 잡을 수 있으리라는 것이 대가야 측의 계산이었다.

이런 생각에서 대가야는 522년 신라에 사신을 보내 혼인을 요청했고, 혼사는 결국 이루어졌다. 대가야의 의도는 이 혼사를 기회로 삼아 어떻게든 신라와 동맹을 맺어보려는 것이었다. 대가야는 이를 추진하기 위해 무진 애를 썼다. 혼사가 이루어진 다음다음 해 새로 개척한 영토를 시찰하러 변경으로 나온 신라 법흥왕(法興王)을 만나자고 청해서 회담까지 열었다.

내심 군사동맹 같은 양국 관계의 발전이 있기를 기대했을 것이다. 그러나 신라의 반응은 냉담했다. 이 회담에서는 아무런 결론이 나지 않았고 법흥왕은 그대로 돌아갔다. 성과

없이 회담이 끝난 것으로 그치지 않았다. 양국 관계에 더 이상 발전이 없었음은 물론이고 오히려 기존 관계마저 파탄이 났다.

사건은 신부를 따라온 신라 사람들이 가야에 와서 신라 옷으로 바꾸어 입은 데서 비롯된다. 어떤 복장으로 왔다가 어떻게 복장을 바꾸었는지에 대해 말이 많지만 어쨌건 사소한 복장 문제에 왕인 아리사등(阿利斯等)이 몹시 분개했다.

이 일로 신라인 몇 명이 추방당하자 임나와 신라의 관계가 급격히 악화되었다. 신라는 이 사건을 핑계로 왕녀를 소환하겠다고 나섰다. 관계 개선의 열쇠를 놓치고 싶지 않았던 대가야는 이미 부부관계가 맺어져 자식이 생겼다는 사실을 내세우며 수습에 나섰지만 소용없었다. 이미 마음을 굳히고 있던 신라는 임나 지역인 도가(刀伽)·고파(古跛)·포나모라(布那牟羅) 3성과 북쪽 국경의 5성을 공격했다.

신라의 선택은 분명했다. 백제와 임나를 놓고 저울질했을 때 기우는 쪽은 뻔했다. 백제를 견제할 필요는 있었겠지만 힘없는 대가야나 임나와 섣부른 동맹은 견제가 되기보다는 부담이 된다고 판단했다.

힘을 잃어가고 있다지만 고구려는 여전히 신라에 위협이었다. 신라로서는 별로 얻는 것 없이 백제와 협조관계에 악영향을 줄 생각이 없었다. 이런 상황에서 강도 높은 동맹을 요구해 오는 대가야는 점점 부담스러운 존재가 되어갔다.

신라가 대가야와 동맹을 파기하고 임나 소속 지역을 공격한 데는 임나에 대한 야욕도 작용했을 것이다. 따지고 보면 임나에 대해서는 백제보다 신라가 먼저 손을 뻗쳤다. 4세기 중엽 영향력을 잃고 말았지만 언젠가 옛날의 영향력을 회복하려는 야욕이 없었을 리 없다.

평계 김에 임나 영역 일부를 잠식해버린 것이 이런 야욕의 표현이라 할 수 있다. 결국 신라 역시 대가야를 비롯한 임나를 버렸다. 임나는 다시 국제적으로 고립되었다.

아가라야의 저항 시도

신라와 동맹까지 파탄 나자 대가야의 위상은 급격히 추락할 수밖에 없었다. 그렇다고 임나 전체가 무너진 것은 아니다. 대가야가 취한 대외 정책의 실패가 명백해지자 임나 소속 나라들은 정책 전환을 시도했다. 임나 내부의 개편을 통해 더 이상 나설 처지가 못 되는 대가야를 대신하여 지금의 경남 함안 지역으로 추정하는 아라가야(阿羅伽倻: 안라安羅라고도 한다)가 나서기 시작했다.

아라가야가 내세운 명분과 정책은 대가야와 달랐다. 아라가야의 계산은 상황을 이용하자는 것이었다. 4세기 말~5세기 초처럼 고구려·백제 두 강대국 중심으로 세력 구도가 잡히면 각 나라들이 취할 수 있는 외교 정책의 폭이 좁지만, 절대 강자가 없어 생존을 위해 이합집산이 거듭되는 시대에는 국제사회의 역학이 미묘해진다. 이런 상황에서는 국제사회의 인심이 절대 강자가 나타나는 것 자체를 원하지 않는다. 그래서 어떤 나라든 다른 나라에 함부로 압력을 넣으면 주변에서 집중 견제를 받기 십상이다.

아라가야는 이런 역학을 이용하여 자신들 주도로 대대적인 국제회의를 열었다. 신라·왜는 물론 백제 대표까지 초청되었다. 고구려의 압력으로 많이 약화되었다지만 아직 한반도 남부에서 가장 강력한 힘을 가지고 있는 나라가 백제였다. 임나는 물론 신라나 왜도 이 점을 의식하지 않을 수는 없었다.

가장 위협적인 백제가 다른 나라의 집중 견제를 받은 것은 당연했다. 임나에 대한 영향력 회복을 노리는 백제는 자연스럽게 소외되었다. 『일본서기』에는 백제의 대표 군윤귀(君尹貴)가 뜰을 서성이며 회의에 끼지 못함을 한스럽게 여겼다고 기록되어 있다. 여기까지는 아라가야의 의도대로 되었다고 할 수 있다.

이 노력이 어느 정도 결실을 거둔 셈이다. 『일본서기』에는 임나 왕 기능말다간기(己能末多干岐)가 왜에 구원을 요청했다고 기록되어 있다. 이 이상 구체적인 기록이 없기 때문에 자세한 속사정은 알 수 없지만, 이 장면을 액면 그대로 임나가 왜에 의지하기 위해 구원을 요청했다고 볼 수는 없다.

그러나 임나 측에서 임나 존속에 대한 왜의 지지를 얻으려는 생각이 있었음은 확실하다. 왜 역시 아라가야가 중심이 된 임나의 움직임을 지원할 필요를 느꼈던 것 같다. 대가야와 사이가 벌어지기는 했지만 백제에 지나치게 의존하게 되는 상황이 달갑지 않았던 것이다.

기능말다간기는 왜에 사신을 보내 모종의 조치를 취해줄 것을 요구했고, 그 결과 왜에서는 이 무렵 오미노 게나노 오미(近江毛野臣)라는 인물을 임나에 파견했다. 왜가 반(反)백제 외교 전선에 가담한 셈이다. 아라가야는 왜를 끌어들여 임나를 지지하도록 하는 데 성공했던 것이다.

그러나 왜가 시지해순다는 사실이 임나에 큰 도움이 되지는 못했다. 오미노 게나노 오미라는 인물의 파견 목적과 활동에 관해서는 학자들 사이에 설이 엇갈리고 있지만, 당시 왜의 비중이나 그의 행적으로 보아 임나를 둘러싼 상황에 그리 대단한 영향을 줄 만한 힘이 없었기 때문이다.

우선 오미노 게나노 오미가 대동한 병력 수준이 문제다. 『일본서기』에는 6만 병력을 이끌고 왔다고 되어 있지만 신라의 3,000 병력을 보고 임나 기질기리성(己叱己利城)으로 들어가 농성하는 행태를 보인다. 6만 병력이 겨우 3,000 병력에 밀렸다는 점을 보면 과장임이 분명하다. 오미노 게나노 오미가 사람을 마음대로 죽이고 괴롭힐 만큼 막강한 권력을 가지고 있었던 것처럼 보이는 기록도 있지만 이것 역시 과장이다. 임나 측에서 대놓고 소환을 요구했던 것이다.

임나가 왜의 개입을 요청했을 때, 왜병 파견으로 백제의 압력을 단번에 극복할 수 있다고 보았을 리는 없다. 단지 백제나 신라의 압력에 대해 임나와 왜의 이권을 보호하기 위한 외교적 시위를 하는 정도 이상을 기대하기는 어려웠다.

그러나 오미노 게나노 오미와 휘하 왜병들은 그 정도 역할조차 하지 못했다. 실제로 오미노 게나노 오미가 어떤 일을 하고 다녔는지에 대해서는 구체적인 기록이 남아 있지 않지만 백제와 신라를 자극하고 다닌 것은 분명하다. 백제와 신라는 오미노 게나노 오미만 나타나면 병력을 동원하여 체포하려들었다. 백제와 신라 어느 쪽도 오미노 게나노 오미의 존재를 용납하지 않았던 것이다.

신라와는 군사적 충돌까지 빚은 것 같다. 오미노 게나노 오미는 여기저기 불씨를 뿌리고 다니면서도 막상 싸움이 벌어지면 대항해볼 생각조차 못하고 도망만 다녔다. 도망 다니는 곳은 당연히 임나 지역이었다.

쫓겨 다니던 오미노 게나노 오미는 결국 임나의 기질기리 성에 틀어박혀버렸다. 이런 오미노 게나노 오미를 잡으러 신라군은 임나 지역까지 쫓아왔고 그 과정에서 임나의 촌락만 피해를 보았다. 『일본서기』에 따르면 금관(金官)·배벌(背伐)·안다(安多)·위타(委陀) 4개 촌락(또는 다다라多多羅·수나라須那羅·화다和多·비지費智 4개 촌락이라고도 한다)이 신라군의 노략질을 당했다고 하며, 이것은 오미노 게나노 오미의 책임이라고 비난하는 말이 인용되어 있다.

결국 그는 백제와 신라의 압력을 극복하기는 고사하고 공연한 분쟁을 일으켜 이리저리 쫓겨 다니는 것이 고작이었던 셈이다. 이렇게 백제나 신라에 대해서는 별 역할도 못하면서 외국에 파견된 군대가 늘 그렇듯이 힘없는 백성들에게 민폐나 끼치기 일쑤였다. 그와 왜병이 무책임하게 말썽만 일으켜 놓고 수습을 하지 못하자 임나 처지도 곤란해졌다.

아라가야의 좌절과 임나 소속국의 이탈

백제와 신라의 압력만 더 받게 된 임나 측은 오미노 게나노 오미의 존재를 부담스럽게 여기기 시작했고, 결국 오미노 게나노 오미의 철수를 요구하기에 이르렀다. 그렇지만 오미노 게나노 오미는 철수를 거부했다. 그러자 임나는 백제와 신라의 압력을 모면하기 위해 양쪽 군대의 투입을 허용했다. 이때 투입된 백제군과 신라군은 오미노 게나노 오미를 잡는 데는 실패했다. 그 대신 구례모라성(久禮牟羅城)을 쌓았으며, 돌아가는 길에 등리지모라(騰利枳牟羅)·포나모라(布那牟羅)·모자지모라(牟雌枳牟羅)·아부라(阿夫羅)·구지파다지(久知波多枳) 5개 성을 격파했다고 한다.

오미노 게나노 오미를 잡는다는 명분으로 임나에 진주해서는 평계 김에 임나에 거점을 마련하는 데 더 신경을 쓴 셈이다. 한편 임무는 수행하지 못하면서 말썽만 일으키던 오미노 게나노 오미는 결국 본국으로 소환당하고 말았다.

이것이 실패의 전조였다. 힘이 모자라는 임나와 왜가 연합하여 백제와 신라의 압력을 극복해보자는 시도가 오미노 게나노 오미의 파견으로 나타났다. 그러나 임나만큼이나 힘이 없는 왜의 개입은 백제와 신라의 압력 앞에서 아무런 효력을 발휘하지 못하며, 오히려 그 나라들에 이용만 당할 수밖에 없음이 드러났다. 임나를 지지한 왜의 개입이 효과를 거두지 못했다는 사실은 이제 임나에 대한 백제 등의 압력을 막을 수단이 없음을 의미했다.

아라가야를 중심으로 한 임나의 활동에 자극받은 데다 왜의 개입까지 차단한 백제는 여세를 몰아 임나의 기를 꺾어버렸다. 군대를 동원하여 아라가야로 쳐들어가 아라가야의 대외 활동을 봉쇄해버린 것이다.

신라와 왜는 백제의 행동이 못마땅했겠지만 그뿐이었다. 신라는 아직 고구려의 위협이 상존하고 있는 상황에서 임나를 구하자고 백제와 군사동맹에 악영향을 줄 생각은 없었다. 그리고 내심으로는 백제 못지않게 임나에 야심을 가지고 있었다. 왜는 이미 임나를 위해 아무것도 할 수 없다는 사실이 드러난 상태였다.

백제가 아라가야의 자립 노력을 무력으로 짓밟아버리자 자립을 이룰 수 없다는 절망감이 임나 소속국들 사이에 번지기 시작했다. 내심 백제를 경원하면서도 막아주러 나서는 나라는 없었다. 이제는 외교적으로 임나의 자립을 보장받을 수 없음이 명백해졌다.

백제뿐 아니라 신라까지 가야에 압력을 넣어 왔다. 이런 와중에서 독립을 포기하고 신라로 投降하는 나라들이 생겨났다. 여기에는 초기 임나의 중심이었던 임나가라 즉 금관가야가 포함되어 있었다.

금관가야는 백제군이 아라가야에 진주한 바로 다음 해에 신라에 귀순해버린다. 그 대가로 금관가야 왕족들은 진골(眞骨) 지위를 얻었으며 셋째 왕자인 무력(武力)은 각간(角干)의 지위까지 올라갔다. 이것으로 한때 임나의 맹주로 군림했던 금관가야의 명맥은 완전히 끊겨버렸다. 금관가야뿐 아니라 탁기탄(喙己呑)·탁순(卓淳) 같은 나라들도 이 무렵 신라에 투항했다.

이 나라들이 신라에 투항해버리자 백제에는 당장 비상이 걸렸다. 백제는 임나에 대한 통제를 강화하는 쪽으로 정책을 바꾸었다. 신라의 위협을 막겠다는 명분을 내세워 하위직 관리인 군령(郡令)·성주(城主)를 파견한 것이다. 군령·성주는 임나의 요소요소에 배치되어 임나 소속 나라들의 움직임을 파악하고 보고하는 임무를 맡았던 것 같다. 백제는 이들을 이용하여 임나 소속국을 강력하게 통제하기 시작했다. 이렇게 해서 임나의 일부는 신라에 통합되고, 나머지는 백제의 통제를 받게 되었다.

독립을 건 줄다리기, 임나재건

임나재건의 뿌리

금관가야 등이 신라에 투항해버리자 백제는 일단 임나에 대한 통제를 강화했다. 그러나 통제 강화만으로 해결될 수 있는 문제가 아니었다. 이는 신라처럼 자기 나라의 한 지방으로 흡수하는 것과는 근본적으로 다르다. 명색뿐인 독립국가라 해도 그 나라의 정책에 일일이 간섭한다는 것은 불가능하기 때문이다. 임나에 남아 있는 나라들이 기본적으로 백제에 반감을 가지고 있는 한 언제까지나 백제 편에 붙어 있으리라는 보장도 없었다.

더구나 통제를 강화하면 극단적인 반발이 나올 수 있었다. 금관가야만 해도 백제가 아라가야에 대해 무력을 동원하자 이에 대한 반발로 신라에 투항해버렸다. 임나와 관계가 계속 이런 식으로 지속된다면 백제가 그동안 쏟아 부은 노력은 모두 물거품이 되어버리고 신라만 어부지리를 얻을 수 있었다.

사태를 수습해야 할 필요가 있었고, 이때 성왕이 내놓은 수습책이 바로 '임나재건(任那再建)'이다. 임나부흥이라는 식으로도 썼던 이 계획의 표면적인 명분은 임나를 강력하게 재편하자는 것이다. 이 당시 임나 소속국들이 서로 협조하고 있었다고는 하지만 독립국가들의 연맹체라는 것이 일사불란한 체제를 갖추기는 어려웠다. 주변의 위협에 취약할 수밖에 없었던 것도 임나 자체의 잠재력이 작았다기보다는 힘의 결집이 어려웠기 때문이라고 봐야 할 것이다.

겉으로는 힘의 결집을 위한 체제를 강화하자는 주장이 훌륭한 명분으로 작용해주었다. 여기에 임나를 강화하면서 신라에 투항한 금관가야·탁순·탁기탄 등을 다시 임나에 소속시키겠다는 희망까지 추가했다.

그렇지만 이런 구상에 임나 소속국은 물론, 신라나 왜까지 달가워하지 않았다. 임나 처지에서는 말이 임나재건이지, 실제로는 임나 소속국들이 백제가 원할 때마다 고구려 같은 나라에 대해 화살받이나 되어주는 임나로 되돌아가라는 이야기밖에 안 된다.

군이 백제가 '임나재건'을 내세우며 나서지 않아도 소속국 사이의 협조는 어느 정도까지는 잘되고 있는 편이었다. 적어도 대외 정책을 두고 임나 소속국들 사이에 분쟁은 거의 없었다. 그리고 무엇보다 임나의 결속력 강화는 소속국들 스스로 해결해야 할 문제지 백제가 나설 일이 아닌 것이다.

금관가야·탁기탄 등을 원상회복시킨다는 내용도 많이 나타나지만 이것 역시 실질적으로 불가능하다. 이 내용대로라면 서로 원해서 통합한 신라와 금관가야 등에 대해 다시 갈라서라는 간섭을 하겠다고 선언한 것밖에 안 된다.

이런 극단적인 내정간섭을 신라는 물론 신라에 투항한 나라들이 받아들일 리 없다. 외교 협상의 대상으로조차 고려할 수 없는 것이며, 상황에 따라서는 선전포고로까지 받아들일 수 있는 내용이다. 낭사자늘이 그렇게 받아들일 수밖에 없는 내용을 밀어붙인다면 신라와 충돌은 물론 당사자인 금관가야 등과 전쟁을 각오하지 않으면 안 된다.

당시 백제의 외교 목표는 고구려와 대립을 우선 염두에 두지 않을 수 없었다. 백제는 신라와 협조관계를 유지하는 것이 중요했고 임나와도 가급적 충돌은 피해야 할 처지였다. 그럼에도 신라와 금관가야·탁기탄 등과 대규모 무력 충돌을 각오할 수밖에 없는 일을 외교 현안으로, 그것도 임나와 왜까지 끌어들여 추진하려 할 수는 없었다. 그러므로 『일본서기』에 기록해놓은 대로 금관가야·탁기탄의 원상회복이 목적은 아니었음은 분명하다.

당연히 실질적인 내용은 달랐다. 이 계획의 기본 골격은 4세기 근초고왕 대에 성립했던 백제·가야·왜 동맹 체제를 재건하자는 것이다. 그러면 임나의 결속력이 일단 강화되는 것은 분명하다.

그러나 이는 사실상 백제의 통제를 전제로 하는 것이다. 쉽게 말해서 '임나재건'이란 임나 소속 나라들을 재건해주겠다는 것이 아니라 임나를 백제가 통제하던 근초고왕 대의 형태로 되돌리겠다는 뜻이다. 금관가야 등을 임나에 다시 소속시키겠다는 것 또한 임나가 강화되면 그런 희망도 있다는 정도의 선언적 의미에 불과하다.

따라서 당사자인 임나 소속국들보다 백제가 이 계획에 적극 나선 것은 당연하다. 말이 '임나재건'이지 실제 내용은 가야 제국에 왜까지 임나에 묶어놓고 마음대로 조종하겠다는 것이었다.

백제는 신라까지 참여시키려 했다. 근초고왕 때는 신라의 기득권을 빼앗아 가야와 왜에 이권을 보장해주는 체제였으므로 신라의 반발을 살 수밖에 없었다. 신라가 고구려에 접근하지 않을 수 없었던 것은 이 때문이다.

그러나 6세기인 성왕 대에는 사정이 다르다. 신라 역시 백제와 함께 고구려와 대립하는 상황이었으므로 굳이 신라를 소외시킬 필요가 없었다. 이런 계산에서 성왕은 일단 신라의 의사를 타진하려 했다.

그러면서도 직접 나서서 신라와 접촉하지 않고 임나를 내세웠다. 임나의 대표자들인 임나 한기들에게 신라의 의사를 타진하도록 지시한 것이다. 무엇보다 임나재건은 임나의 뜻이라는 점을 내세우고자 한 듯하다.

또 백제가 직접 나서면 신라와 골치 아픈 협상을 벌여야하는 점이 싫었을 것이다. 그보다는 임나를 통해 백제 중심의 동맹 체제가 만들어지는 것은 기정사실이라는 점을 인식시킨 뒤 '우리는 아쉬울 것 없으니 참여하든 말든 알아서 하라'는 식으로 밀어붙이는 편이 낫다고 생각한 것 같다. 임나의 의사라는 점을 내세우면 최소한 4세기 중엽의 구도를 재현하는 데 신라의 묵인 정도는 얻을 수 있다는 계산이었다.

가야와 주변국들의 반발

백제가 '임나재건'을 내세운 의도는 임나·왜에 신라까지 동맹으로 묶어놓고 백제가 조종하겠다는 것이었다. 임나 소속국들은 당연히 반발했고 왜도 별로 다를 것이 없었다. 신라보다 임나가 강화되는 편이 왜에 유리한 것은 사실이지만, 백제가 통제하는 임나가 된다면 사정이 다르다. 기본적으로 백제·왜 관계가 우호적이라고 해도 상황에 따라 어떻게 바뀔지 모른다. 왜는 백제가 이른바 '나제동맹(羅濟同盟)'을 맺으며 소외되었던 경험이 있었다.

이미 백제와 동등한 위치에서 서로 지원하며 동맹을 맺어놓은 신라는 말할 것도 없었다. 굳이 백제가 주도하는 동맹체에 들어갈 이유가 없음은 물론, 아예 그런 동맹체가 생기는 것부터가 달갑지 않았다.

그래도 성왕은 임나 한기들에게 신라와 접촉하고 그 내용을 보고하도록 지시했다. 얼마 후 성왕은 임나 한기와 왜의 요원을 소환해서 자신의 지시를 확인했지만 그들을 통해 돌아온 대답은 사실상 거절이었다.

신라와 몇 번 접촉해봤지만 아무 대답도 없었고 앞으로도 없을 것이라는 내용이었다. 덧붙여서 이 계획을 계속 밀어붙이면 탁순같이 신라에 병합되는 나라가 다시 생기지 않는다는 보장을 할 수가 없다는 은근한 협박이 뒤따랐다.

뜨끔해진 성왕은 임나 한기들을 달랬다. "우리 선조 근초고왕·근구수왕 때 서로 통교하면서 동생이나 아들같이 여기며 잘 지내려 했는데 오늘날 이 사태는 어찌된 일인가"라며 이렇게 된 것은 모두 성왕 자신의 탓이라고 한 발 물러서 임나 한기들을 누그러뜨린 뒤 본론을 시작했다.

"이제 백제가 직접 신라의 의사를 타진해볼 것이다. 혹시 일이 잘못되어 신라가 침략해 오더라도 백제가 막아줄 테니 안심하라"고 임나가 원하지도 않는 안전 보장까지 해주었다. 그러고는 은근히 뼈 있는 말을 던졌다. 탁순·탁기탄·남가라(南加羅: 금관가야) 등이 망한 것은 신라가 강해서 그런 것이 아니라 다 이유가 있어서 망했다는 것이다. 신라에 투항한 나라들의 땅이 협소했느니, 해마다 공격을 받았느니 하는 평계를 댔지만 임나 한기들에게 전하려는 뜻은 분명했다.

"금관가야 같은 나라들이 신라에 투항한 것은 단순히 힘이 모자라서만은 아니다. 그들 자신이 원하지 않았으면 신라 혼자서 그렇게 쉽게 그 나라들을 흡수·통합할 수는 없다. 임나의 다른 나라도 백제와 틀어지면 언제든지 등을 돌리고 신라로 투항할 수 있다는 것도 안다. 그러나 그렇게 되면 너희도 독립을 잃어버리는 셈이니 피차 원하지 않는 상황이다. 앞으로 그런 불행한 사태가 일어나지 않도록 하자"는 것이었다.

회의는 앞으로 잘해보자는 말과 함께 선물을 안겨주며 마무리되었다. 기록에는 임나 한기들이 기뻐하며 돌아갔다고 되어 있지만 그들의 내심까지 그랬던 것 같지는 않다. 임나 한기와 일본부 요원들의 뇌리 속에는 어떻게 하면 이 계획을 무산시키느냐는 생각밖에 없었다. 이러한 생각은 곧 행동으로 나타났다.

백제의 계획을 무산시키기 위해 신라와 임나가 어떻게 협력할지를 모의한 것이다. 임나의 대표부와 '일본부'도 아라가야로 옮겨갔다. 이때부터 아라가야와 아라가야에 자리 잡은 일본부는 서로 협력해서 백제의 계획을 방해하기 시작했다. 아라가야와 일본부는 신라와도 협조를 모색했다. 사태가 심상치 않게 돌아간다는 사실이 백제에 감지되었다.

당장 아라가야에 사신을 파견해서 신라와 접촉하고 있는 임나 집사들을 소환했다. 소환한 임나 집사들에게 다시 한 번 근초고왕·근구수왕 대의 관계를 강조하고, 빈말이겠지만 겸허하게 반성하여 임나 한기들을 누그러뜨린 후 신라의 야욕에 대해 경고했다.

아무래도 언제든 신라에 투항해버릴 수 있는 위험이 항상 존재하고 있기에 심한 압력을 넣을 수는 없었다. 임나에 대해서는 그동안 잘못한 점을 반성하고 있으니 앞으로는 임나를 보호하기 위해 같이 잘해보자는 정도로 그치고 만다.

그렇지만 왜에 대해서는 강력하게 압력을 넣었다. 왜의 요원 가와치노아타이(河內直)에게 신라와 모의한 데 대해 별도로 강력한 경고가 주어졌다. 이른바 '일본부'에 배치된 왜의 요원들에게도 "임나가 없어지면 너희도 기반이 없어진다"는 점을 강조하며 임나를 노리는 신라의 야욕을 경고했다. "지금은 너희와 잘 지내는 척하지만 이것은 임나를 손에 넣기 위한 속임수일 뿐이니 경솔하게 신라와 모의할 생각을 하지 말라"는 이야기였다.

백제의 압력이 집요해지자 임나와 왜는 나름대로 대책을 세웠다. 백제에 역으로 까다로운 조건을 제시하며 협상의 난항을 유도하려 했다. 그 조건은 임나에 배치된 백제의 군령·성주를 철수시키라는 것이었다. 이 조건을 들어주고 '임나재건'을 추진하면 백제가 눈엣가시처럼 여기고 있던 왜의 요원 가와치노아타이 등을 본국으로 소환시키겠다고 제의했다.

임나에 배치된 군령·성주 같은 백제 요원이 철수하면 임나에 대해 백제가 간섭할 수 있는 수단이 현저히 줄어든다. 임나와 왜는 이 점을 노린 것이다. 그렇게만 되면 허울뿐인 동맹에 응해준다 하더라도 실질적인 수단이 없어지므로 백제의 간섭은 오히려 줄일 수 있다.

성왕은 이 제안을 참모들과 논의하지만 결론은 군령·성주는 철수시킬 수 없다는 것이었다. 백제 측에서는 한술 더 떠서 가와치노아타이·에나시(移那斯)·마투(麻都) 등 왜의 요원은 무조건 아라가야에서 추방하고 임나 집사들을 소환하려 했다.

이런 의도로 시덕(施德) 고분(高分)을 보내어 임나와 일본부 집사를 소환했으나 백제의 의도를 눈치 챈 임나와 일본부 집사들은 "정월 초하루를 지내고 가겠다"는 핑계를 대며 완곡하게 거절했다. 정월 초하루가 지나고 백제가 재차 사신을 보내어 임나와 일본부 집사를 소환했으나 이번에는 "제사가 있다"는 핑계로 거절했다.

백제가 포기하지 않고 또 사신을 보내어 재촉하자 임나와 일본부는 마지못해 지위가 낮은 자들만 보냈다. 통신수단이 별로 없는 당시 상황에서 실무진만 가지고는 협의가 제대로 될 턱이 없었다. '임나재건'을 위한 협의는 또다시 무산되어 버렸다.

가야와 왜의 공조

백제는 이 과정에서 근초고왕 때와 달라진 임나 관리의 한계에 대해 새삼스럽게 깨닫지 않을 수 없었다. 4세기에는 목라근자 같은 백제 요원이 현지에 상주하며 임나 요인들을 수시로 소집하여 현안을 논의하고 백제가 원하는 사항을 지시할 수 있었다. 백제가 원하는 일을 효율적으로 추진할 수 있었던 것이다.

성왕은 광개토왕의 임나가라 정벌 때 받은 타격 때문에 이런 체제를 가질 수 없었다. 백제 요원이 현지에서 임나 요인들을 통제·감독할 수단이 없어진 것이다. 어쩔 수 없이 임나 대표자들을 백제 수도 사비(泗沘: 부여)로 소집하여 성왕이 이들을 상대로 직접 현안을 논의하는 형태를 갖출 수밖에 없었다.

근초고왕 때와는 달리 자발적으로 협조해주지 않는 임나 대표자들을, 그들 나라 근처도 아닌 사비까지 소집하는 데는 무리가 따른다. 자국의 사소한 사정을 내세워 소집에 응하지 않는 수법은 이런 약점을 노골적으로 이용한 것이었다.

끌려만 갈 수 없었던 백제 측은 시덕(施德) 마무(馬武)·시덕 고분옥(高分屋)·시덕 사나노차주(斯那奴次酒) 등 대규모 사신단을 임나에 파견하여 강력하게 경고했다. 특히 왜의 요원 가와치노아타이 등에게는 본인은 물론 그들의 선조까지 "나쁜 짓만 해왔다"고 인신공격성 비난까지 해대며 본국으로 소환시키도록 하겠다며 으름장을 놓았다. 그러고는 병력과 물자를 동원해야겠다는 구체적인 계획을 내놓으며 협의를 종용했다.

왜의 요원들은 본국 훈령이 제대로 전달되지 않아 백제의 소환에 응하지 못했다고 변명을 늘어놓았다. 뿐만 아니라 임나와도 협의할 수 없어 임나조차 백제의 소환에 응하지 못했다고 대신 변명까지 해주었다. 왜 요원들에게는 본국으로 소환하도록 압력을 넣는 것 외에 별다른 보복 조치를 취할 수 없다는 점을 교묘히 이용하여 그들이 모든 책임을 덮어쓰는 전략을 쓴 것이다. 이미 왜 요원들과 입을 맞춰놓은 임나 한기들도 백제의 소환에 응하려 했으나 왜 요원들과 협의가 되지 않아 가지 못했다고 변명했다.

물론 가야 측은 버티는 데 한계가 있었고, 결국 앞으로 협조를 다짐할 수밖에 없었다. 협조를 다짐받기는 했지만 마음을 놓지 못한 백제는 일을 확실히 하기 위해 왜 본국에 사신을 파견했다. 그동안 왜 요원의 행적에 대해 낱낱이 항의하고 미천한 자들 때문에 일을 그르칠 수 없으니 당장 소환하라고 요구했다.

난처해진 왜왕은 휘하 요원들의 행태에 대해 "모르는 일"이라며 오리발을 내밀었다. 곤란해지면 실무진에게 책임을 미루는 고전적인 수법에 대해 모를 턱이 없는 백제는 "본국의 뜻이 아니라면 멋대로 일을 처리한 너희 요원들은 당장 소환해야 할 것 아니냐"고 다그쳤다. 그래도 왜는 그들의 소환에 대해 확답을 주지 않고 회피했다.

백제도 입씨름만 벌이고 있지는 않았다. 왜 본국에 일침을 놓고 난 후 성왕은 다시 왜의 요원 기미노오미(吉備臣)와 임나 집사를 소환했다. 이번에도 임나를 재건해야 할 당위성을 피력하고 기미노오미와 임나 한기들의 의견을 물었다. 성왕의 의도를 뻔히 아는 기미노오미와 임나 한기들은 "이번 일은 대왕 뜻에 달렸으니 대왕의 뜻에 따르겠습니다"라고 대답했다.

성왕은 다시금 과거부터 이어져온 임나와 백제의 관계를 강조하며 이키미(印支彌) 같은 왜의 요원과 신라에 대한 비난을 덧붙였다. 그러고 나서 탁순이나 금관가야를 다시 임나에 귀속시킬 포부를 피력했다. 물론 이 자체에 현실성이 없음을 모르지 않았겠지만, 성왕이 나름대로 노리는 바가 있었다.

성왕은 금관가야 등의 임나 복귀를 명분 삼아 자신이 구상한 세 가지 구체안을 내놓았다. 첫째, 신라와 아라가야 사이의 접경 지역에 병력을 배치하겠다는 것이다. 이를 위해 왜병의 파견을 요구하며 비용은 백제가 대겠다는 제안을 했다. 둘째, 백제의 군령·성주는 임나에서 철수시키지 않겠다는 것이다. 이 역시 고구려나 신라의 침략을 막기 위한 것이라는 명분을 내세운다. 마지막으로 기미노오미·가와치노아타이·에나시·마투 등 왜의 요원은 본국으로 소환하라는 것이다.

성왕의 기세에 눌린 기미노오미와 임나 한기는, 원칙적으로 동의하지만 일본부의 최고 책임자와 아라가야와 대가야

왕에게 보고하고 승인을 받아야 한다는 핑계로 역시 확답을 회피했다. 다음 해 백제는 중부(中部) 호덕(護德) 보제(菩提) 등을 임나에 보내 오(吳)나라 화폐를 임나와 왜의 요원에게 돌리고 왜 본국에는 불상을 보내며 회유를 시도했다. 하지만 신통한 성과는 얻지 못했다.

회유가 어렵다고 판단되자 백제는 임나와 왜에 대한 압력을 강화하기 시작했다. 왜에 더 이상 논의하자는 식의 태도가 아니라 병력을 내놓으라는 구체적인 제안을 내놓고 대답을 요구했다. 백제의 압력이 강해지자 왜도 더 이상 거부하지 못하고 병력을 파견하겠다는 확답을 해주었다.

부분적인 문제는 이렇게 조금씩 백제 의도대로 풀리고 있었지만 근본적으로 해결된 것은 아니었다. 모두가 백제에 협조하겠다면서 말뿐이었고, 실제로 제안된 사안에 대한 구체적인 실천 문제에는 대화조차 회피하고 있었다. 신라는 아예 백제 측과 접촉 자체를 하지 않았다. 논의조차 할 수 없는 상황에서는 '임나재건'이라는 계획의 결실을 본다는 것이 불가능했다. 신라·임나·왜가 자신들의 계획에 따라주려 하지 않는다는 사실을 백제가 인식하지 못했을 리는 없다.

그럼에도 불구하고 성왕이 계속 '임나재건'이라는 계획을 밀어붙인 것은 신라·임나·왜의 반응을 떠보자는 의도가 있었다. 일종의 응수 타진이다. 4세기 중엽의 구도가 그대로 재현되지는 않는다 하더라도 계획을 계속 추진하다 보면 반발하는 주동자와 반발의 강도 등을 파악하여 후속 조치를 취할 수 있었다. 백제 의도대로 얼마 가지 않아서 임나의 속셈을 드러내는 사건이 발생했다.

아라가야의 저항

고구려와 백제·신라의 공방전이 계속되던 548년, 고구려는 예(濊)의 병사들을 동원하여 백제의 독산성(獨山城)을 공격했다. 고구려의 공격을 받자 백제는 동맹국 신라에 구원을 요청했고 신라는 장군 주진(朱珍)에게 3,000명의 병력을 주어 백제를 구원하게 했다. 백제·신라의 기민한 연합작전 덕분에 고구려군은 패퇴했다.

여기까지는 고구려와 백제·신라 연합군 사이에서 벌어진 어느 전투와 별다른 차이가 없다. 그러나 이 전투에서 생포한 포로를 심문하는 과정에서 충격적인 사실이 밝혀졌다. 생포된 병사들이 이번 침공은 백제를 공격해달라는 아라가야와 일본부의 부탁을 받고 감행했다는 사실을 털어놓은 것이다.

백제가 가만히 있을 리 없었다. 당장 아라가야와 일본부 요원을 소환하려 했다. 그렇지만 사태를 눈치 챈 아라가야와 일본부 요원은 백제의 소환에 응하지 않았다. 임나에 파견된 왜 요원이 소환에 응하지 않자 백제는 왜 본국에 사신을 파견해서 항의했다. 보내주기로 했던 병력 파견도 보류시켰다.

왜왕은 이번 사건 역시 "모르는 일이고, 지시한 바도 없으며, 믿을 수도 없다"고 버텼다. 끝까지 모르쇠로 버티는 데야 백제로서도 어쩔 수 없었다. 그렇다고 왜가 부담을 갖지 않은 것은 아니다. 모른다고 버티는 데도 한계가 있다. 더 이상 백제의 심기를 불편하게 해서 좋을 것이 없다고 판단한 왜는 앞으로 임나가 협조해주도록 지원하겠다고 약속했다.

말로만 하는 약속으로 신뢰를 얻을 수 없다는 점을 깨달았는지, 370명을 백제에 파견하여 득이신(得爾辛)에 성 쌓는 일을 돕게 하는 성의를 보였다. 다음 해에는 에나시(延那斯)·마투 등이 본국에 보고하지 않고 저지른 일 같으니 자체 조사하겠으며 병력 파견도 백제 요구대로 보류하겠다는 내용을 통보했다. 그다음 해에는 사신 아히타(阿比多)를 파견하여 화살 30구(具: 1,500발에 해당한다)를 보내며 백제의 비위를 맞추려 했다.

왜가 성의를 보이자 백제도 더 이상 문제를 확대시키려 하지 않았다. 성왕은 에나시·마투의 일은 자체로 알아서 처리하라는 답과 함께, 백제의 힘을 과시할 겸 고구려 포로를 선물로 보내주었다.

이후로는 아라가야도 더 이상 백제에 저항한 기록이 나오지 않는다. 아라가야의 저항이 끝났다는 것은 이제 임나가 백제의 압력에 저항할 힘을 잃었음을 의미한다. 백제는 다시 임나를 조종할 수 있게 되었던 것이다. 이것은 곧이어 벌어질 한강 유역 탈환 작전 같은 거사를 앞두고 배후 위험을 제거하면서 백제 측 전력을 강화하기 위해 임나에 대한 통제력을 확실하게 확보해두려는 사전 포석이었다.

임나로서는 백제의 의도를 알면서도 어쩔 도리가 없었다. 자체 힘이 모자라는 데다가 더 이상 주변에서 도와줄 만한 세력도 없었다. 고구려는 이미 독산성 공략전에서 실패하여 임나를 궁지에 몰아넣고 말았다. 신라는 이전에 동맹을 맺으려다 실패한 경험이 있는 데다가, 백제와 동맹관계를 맺고 있어 임나를 적극적으로 도와줄 생각이 없었다. 왜는 이미 백제의 압력에 굴복해버린 상태였다.

이제 백제는 물자뿐 아니라 임나의 병력까지 요구해 왔다. 백제에 대해서는 불신과 거부감이 심화되고 있었지만 요구하는 것을 들어주지 않을 수 없었다. 그 이후 벌어진 몇 번의 전투에 백제 편에서 참전하게 된 것이다. 백제의 압력으로 참전을 해야 할 만큼 임나는 다시금 백제의 부용 세력으로 전락했다.

소멸되어가는 임나

휘둘리는 임나

이른바 '임나재건' 계획이 원래 구상대로 이루어지지는 않았지만, 거기에 상관없이 백제는 상당한 외교적 성과를 거두었다. 소속국 몇 곳이 신라에 투항했지만 임나에 대한 통제를 회복했고, 신라도 아직은 협조적인 동맹으로 남아 있었다. 내심 임나의 입장을 지지하던 왜에도 외교적 압력을 가해 더 이상 백제 정책에 방해가 되지 않도록 해놓았다.

이것만으로 한반도 남부에서 패권을 잡은 셈이니 대단한 성과라고 할 수 있겠지만 이것이 백제의 최종 목적은 아니었다. 뭐라고 해도 당시 백제에 최대 위협은 고구려다. 신라·임나·왜에 대한 영향력을 확보하려 했던 이유 역시 궁극적으로는 이들의 세력을 규합하여 고구려를 물리치려는 데 있었던 것이다.

임나에 대한 통제를 회복한 백제는 이를 바로 이용했다. 아라가야와 왜의 저항을 꺾어버린 지 3년 후인 551년, 성왕은 임나의 병력을 차출하여 한강 유역에서 고구려를 몰아내는 작전을 개시했다. 주도권을 쥔 백제는 임나 병력을 이끌고 먼저 공격을 개시했다. 작전은 대성공을 거두어 한강 하류 지역의 6개 군(郡)을 점령하는 전과를 올렸다.

임나로서는 전혀 참여하고 싶지 않았던 전쟁이지만 선택의 여지는 없었다. 작전이 성공했음에도 임나에는 전리품조차 주어지지 않았다. 백제나 신라는 어떻든 영토를 획득했지만 임나는 땅 한 조각 얻지 못했던 것이다.

뿐만 아니라 고구려로부터 한강 지역을 다시 빼앗은 백제가 보복으로 신라를 침공했을 때도 임나는 또다시 군대를 내놓아야 했다. 백제가 이 전쟁에서 실패한 것이 가야에는 또 한 번의 기회가 될 수 있었다. 그러나 이 전쟁이 끝난 후 몇 년 지나지 않아 가야는 역사에서 사라졌다.

가야 역사의 마지막 부분을 장식한 사건이 바로 대가야의 멸망이다. 재미있는 사실은 이 과정이 『삼국사기』에서는 "가야가 반란을 일으켰기 때문에 진압"한 것으로 기록되어 있다는 점이다. 정복되지 않은 독립국가 대가야가 신라에 반란을 일으킨 꼴이 된다.

대가야가 이전에 멸망했다가 반란을 일으켰다는 주장은 대가야인들의 행동으로 보아 앞뒤가 맞지 않는다. 대가야가 정복되는 과정을 보면 저항이 없었다. 반란을 일으킨 세력이라면 목숨을 걸 만한 가치가 있다고 생각하기 때문에 반란을 일으킨다. 그런 사람들이 진압군이 올 줄 몰랐다거나, 진압군에 맞서 싸워볼 생각을 하지 않았다고 보는 것은 난센스다.

그러고 보면 대가야를 멸망시키는 과정에서도 미스터리가 있다. 대가야 정벌을 맡은 총사령관은 이사부(異斯夫)였으나, 그 성에 제일 먼저 들어간 사람은 16세가 되지 않은 사다함(斯多含)이었다. 지휘 경험이나 전투 경험이 없는 사다함이 쉽게 대가야의 성을 돌파해 점령하고 이사부의 도착을 기다렸다는 것은 이상하다.

겉으로 드러난 사실들만 보면 이처럼 이해하기 어려운 점이 있다. 그런데 이런 의문은 근본적으로 이 시기 가야가 팽창하던 신라의 힘에 밀리다가 흡수되었다고 단순하게 이해하는 데서 시작된다. 이는 백제가 관산성 전투에서 패배로 신라의 팽창을 저지할 힘이 없었다는 전제에서 나온다. 여기에는 가야가 백제에 기대고 있던 세력이었다는 인식이 깔려 있다. 관산성 전투에서 가야가 백제 측에 가담했다는 점을 '친백제 세력'이었다는 근거로 해석하는 것이다.

그렇지만 이러한 인식이 퍼진 것은 일부 전문가가 당시 상황을 편리하게 짜 맞추었기 때문이다. 가야는 관산성 전투 전까지 백제에 대해 경계를 넘어 적대적이라 해야 할 정도의 태도를 보였다. 상대적으로 신라와 관계는 그렇게까지 나쁘지 않았다는 뜻이다.

대가야가 친백제 세력이었다면, 관산성 전투에서 백제가 패배한 이후 전개된 흐름은 결코 방심을 불러일으킬 상황이 아니다. 더욱이 대가야가 신라군의 침공을 받기 불과 2개월 전 백제는 신라를 공격했다가 1,000명의 희생자만 내고 물러났다. 후원 세력인 백제와 적대 세력인 신라가 전쟁을 벌인다는 것만으로 긴장할 일이다. 더구나 이 전쟁에서 백제가 별 재미를 못 보고 물러났다. 친백제 세력이라면 이런 상황에서 긴장하지 않았을 리 없다.

그러고 보면 대가야를 친백제 세력이었다고 봐왔던 시각이 오히려 이상하다. 6세기 접어들면서 백제와 분쟁을 주도했던 세력이 바로 대가야였다. 여기서 밀리자 곧바로 신라와 혼인 동맹을 시도했다. 대가야뿐 아니라 가야 전체의 정서가 반(反)백제에 가까웠다. 6세기 초중반 임나를 재건하자는 백제의 의도를 무산시키는 데는 가야 세력의 반발이 한몫 단단히 했다. 아라가야는 일본부와 공모하여 백제를 쳐달라고 고구려를 끌어들이기까지 했다.

이렇게 수십 년 동안이나 반백제 정서를 주도해왔던 대가야가 갑자기 친백제 세력으로 안면을 바꾸었다는 건 앞뒤가 맞지 않는다. 사실 그렇게 보는 유일한 근거는 관산성 전투에서 가야가 백제 측에 가담했다는 것뿐이다.

하지만 이것은 강요에 못 이겨 반(半)강제로 동원된 데 불과하다. 백제의 압력이 그렇게 집요하지 않았다면 그 손아귀에서 벗어나는 것을 숙원으로 생각하지도 않았을 것이다. 그러니 가야가 백제에 군대를 파견하며 가담했던 사실을 친백제 세력이었다는 증거로 활용하는 것은 난센스다.

어쨌든 가야의 정서가 이러했다면 신라와 전쟁에서 백제가 패배한 것은 백제의 손아귀에서 벗어날 절호의 기회였다. 그렇다면 가야가 신라를 어떻게 대하려 했을지 짐작하기 어렵지 않다. 백제가 아무리 여러 가지로 타격을 받아 위축되었다지만 가야 세력에는 버거운 상대였다. 그런 백제로부터 벗어나기 위해서는 가야를 후원해줄 세력이 필요하다.

그런 측면에서라면 이 시점에서 백제와 원수가 되어 있는 신라가 백제를 견제하는 데는 적격일 수 있는 대상이다. 그러니 가야 세력이 신라의 후원을 얻기 위한 막후 협상을 시도하지 않았을 리 없다.

이런 정세에서는 마치 지금의 미군이 한국군의 경계 대상일 리 없듯이 신라군은 가야의 경계 대상이 되지 않는다. 따라서 신라군이 국경을 넘어 접근해 온다 하더라도 적국으로 간주되는 대상에 비해 경보 체제의 작동이 정상으로 이루어지기 어렵다.

그렇지 않고서야 공격에 유리한 지형에 자리 잡고 있던 대가야가 저항 한 번 제대로 못 해보고 전투 경험이 없는 사다함 휘하의 병력에 그렇게 허무하게 무너졌을 리 없다. 다시 말해 대가야가 신라군을 적으로 인식하고 있지 않았을 정도로 싸울 준비가 되어 있지 않았기에 사다함 부대가 성공할 수 있었다는 것이다.

가야 멸망의 총체적 윤곽

대가야의 멸망에서 시작된 임나의 소멸은 결국 임나에 대한 신라의 배신에서 비롯되었다고 결론지을 수 있다. 백제 손아귀에서 벗어나려면 임나로서는 신라의 힘을 빌리거나 최소한 묵시적 지원이라도 받아야 했다. 신라는 지원에 대한 언질을 주어 대가야가 백제 쪽에 신경을 돌리게 한 후 기습

한 것이다.

이사부가 이렇게 신속하게 대가야 정복을 해치운 덕분에 신라는 여러 가지 이점을 얻었다. 기습이 성공하지 못하고 대가야 공략에 시간을 끌었다면 다른 임나 소속국은 물론 백제와 왜까지 얽히면서 사태가 복잡해졌을 것은 명백하다.

기습이 성공한 덕분에 우선 백제가 개입할 틈을 주지 않았다. 백제를 최대 위협으로 간주하던 임나는 신라의 병력 동원을 경계하지 않았을 것이다. 또 백제에 이런 사실을 통고하여 백제의 간섭을 유발하는 일을 하고 싶지도 않았을 것이다. 신라군의 움직임에 대해 어떤 정보도 얻지 못한 백제가 손을 쓰지 못한 것은 어찌 보면 당연한 일이다.

앞에서 살펴본 것처럼 임나에 소속된 가야의 여러 나라들은 백제의 도움을 원해서 종속된 것이 아니다. 따라서 백제가 약화된다면 언제든 반기를 들고 나설 준비가 되어 있었다.

위덕왕(威德王)의 노력으로 백제는 간신히 국내 정국 안정은 꾀할 수 있었으나 대외 관계까지 제대로 추스르기는 어려웠다. 임나는 그 틈을 노렸다. 백제가 정치적 타격으로 대외 관계에 신경을 쓰지 못하는 이 시점이 다시 한 번 임나의 자립을 시도할 수 있는 시기였다.

임나의 이런 움직임이 백제에 감지되지 않을 수는 없었다. 관산성 전투가 실패로 끝난 이후 임나의 움직임이 심상치 않자 백제는 이를 견제할 필요를 느꼈다. 그러나 백제의 위신이 땅에 떨어진 상태에서 정치적 압력이 먹혀들 리 없었다. 그렇다고 옛날처럼 군대를 동원하여 임나의 반항을 분쇄하자니 상당한 위험 부담이 따랐다. 그럴 경우 백제는 임나와 신라를 모두 적으로 삼아야 하는 데다가 때에 따라서는 고구려가 개입하지 않으리라는 보장이 없는 상황이었기 때문이다.

백제가 선택한 대안은 신라 침공이었다. 신라를 견제하는 동시에 임나에 대해 일종의 시위를 하는 것이 효과적이라고 판단한 것이다. 어수선한 국내 정국의 관심을 밖으로 돌리는 동시에 신라는 물론 임나의 움직임까지 견제하는 다목적 공격이었다.

이렇게 복잡한 의도를 가지고 있으면 정작 전투에는 큰 신경을 쓰지 못하게 된다. 백제 측에서야 적당히 견제만 해놓고 반응을 보자는 생각이어서 그런지, 작전 자체가 변경을 침략하여 약탈이나 하는 정도로 제한되었다.

그러나 침공당하는 신라 측의 태도는 달랐다. 백제가 적당히 작전을 한다고 해서 물러갈 때까지 기다리는 작전을 펴지는 않았다. 진흥왕이 직접 군사를 지휘하여 맞받아쳤고, 적당히 작전을 벌일 생각인 백제군이 이런 신라군을 당해낼 수는 없었다. 1,000명의 희생자를 내고 퇴각해버렸다.

이 전투의 효과 역시 백제 측에 유리하게 나타나지 않았다. 백제의 위신은 다시 한 번 추락했던 것이다. 임나는 백제가 신라를 침공했을 때 긴장했으나 전투가 백제의 패배로 끝나자 안도했다.

이 상황을 이용하여 임나는 자립을 위한 본격 행동에 돌입했다. 아무리 백제가 위축되었지만 임나 자체 힘만으로 버티기는 어려웠을 것이다. 또 신라의 위협이 계속되면 임나로서는 백제·신라 양쪽의 압력을 모두 받아야 했다. 신라의 지원을 얻어내지는 못하더라도 최소한 자립에 대한 묵인은 얻어야 했다.

이때 핵심 역할을 했던 임나 소속국은 가야 소국 중 유일하게 멸망 과정이 나와 있을 정도로 신라가 비중을 두어 처리했다는 점으로 보아 대가야였을 것이다. 이미 아라가야가 백제의 압력으로 위축되고 난 이후니 당연한 귀결일 것이다. 대가야는 다시 신라와 협력관계를 구축하는 데 힘썼다.

그러나 이러한 임나의 움직임은 엉뚱한 결과를 낳고 말았다. 신라 측에서는 임나 같은 존재를 유지시켜줄 생각이 없었다. 신라는 오히려 임나를 완전히 해체시키려 했고, 그러기 위해서는 우선 임나의 중심 세력으로 남아 있는 대가야를 정복해야 했다. 그래서 대가야에 대한 기습 침공이 실행되었다.

임나에 소속된 다른 나라들은 우왕좌왕했을 뿐 별다른 대책을 찾지 못했다. 이미 독립을 유지한다는 것은 불가능했다. 어차피 어디로 흡수될 수밖에 없는 운명이었다. 신라의 배신에도 불구하고 워낙 반백제 정서가 강했기에 대부분의 임나 소속국은 신라에 흡수되는 방향을 택한 듯하다. 물론 금관가야의 예에서 보듯 투항 이후 신라 측에서 반대급부를 주는 경우가 많았을 것이다. 이로써 임나는 영원히 해체되고 말았다.

또 다른 임나부흥

가야는 소멸되었지만 그 파장은 남았다. 바다 건너 왜에는 그 파장이 더욱 심각하게 다가왔다. 왜로서는 4세기 이래 한반도에 공식적으로 설치해놓고 있던 임나라는 창구가 없어져버린 셈이다.

『일본서기』562년(긴메이천황欽明天皇 23) 기록에는 "신라가 임나관가(任那官家)를 타멸했다"고 나와 있다. 임나 소멸 직후인 562년 6월의 기록에서는 일단 임나를 멸한 신라를 비난하는 내용부터 나타난다. 같은 해 7월의 기록에서도 사실인지는 의심스럽지만 군대를 보내어 신라를 문책하는 내용이 이어진다.

물론 이 부분의『일본서기』기록은 점점 황당해진다. 왜가 무도한 신라는 물론 고구려마저 정벌해서 왕궁을 함락시키고 금은보화를 탈취해 왔다는 것이다. 당연히 이것은 거짓말이다.

그래도 암시하는 것은 있다. 내용이 종잡을 수 없고 사실인지 의심스러울 만큼 두서없지만, 가하혜노오미(河邊臣)라는 자가 신라와 전쟁에서 패배하여 굴욕을 당하는 장면이 나온다. 왜가 나름대로 위기의식을 느끼고 있었고 이를 극복하기 위해 노력하고 있었음을 보여주는 것이다.

이 부분은 임나를 멸망시킨 신라의 무도함을 비난하는 내용이 주를 이룬다. 임나 멸망 직후 왜의 반응이 일단 신라에 적대감을 느끼는 것이었음을 보여준다. 왜가 교역에 타격을 받는 상황에 대해 얼마나 위기의식을 가지고 있었는지 알수 있다. 그리고『일본서기』기록은 위기 때마다 오히려 과장이 심해진다는 점 또한 확인할 수 있다.

그런데 이번에는 왜의 위기의식이 쉽게 해소되었다. 신라가 이전처럼 왜를 박대하지만은 않았기 때문이다. 그동안 왜를 괄시하다가 백제 같은 나라에 그 상황을 이용당해 여러 차례 홍역을 치른 교훈이 작용했다. 신라는 사신을 파견하여 왜의 욕구를 일부나마 충족시켜주었다. 직접 나서서 선진 문물을 제공하며 왜를 회유하는 방향으로 정책을 바꾼 것이다.

『일본서기』에는 이 상황을 신라가 이른바 '임나조(任那調)'를 바쳤다고 기록하고 있다. 임나조는 임나가 멸망한 후 신라 또는 백제가 대신 공물을 바쳤다는 『일본서기』 기록에 근거하여 나온 용어다.

그러나 이때 왜에 파견된 신라 사신의 지위는 나말(奈末) 정도 등급에 불과하다. 나말은 신라의 관등 중 11등급에 속하는 하위직이다. 이런 하위직 관리를 조공사로 파견하는 일은 없다. 이때 신라가 사신을 보내 여러 가지 문물을 전해준 것을 『일본서기』에서는 이른바 임나조라는 식으로 기록하여, 마치 신라가 천황에게 조공을 바친 것처럼 왜곡해놓은 것이다.

고구려도 이때쯤 왜와 교류를 조금씩 트기 시작했다. 왜의 비중을 인정해서 본격 교류를 트기 시작했다기보다, 백제 같은 나라에 더 강하게 속박되는 것을 막기 위한 일종의 견제수단이었던 것 같다. 고구려는 관직조차 기록되지 않은 요원 몇 명을 파견하는 정도 이상의 성의를 보이지는 않았다.

왜는 신라인이나 고구려인 같은 한반도계 인물들을 귀화시켜 이들을 선진 문물 도입에 적극 활용하려 했다. 그럼에도 이 정도로는 왜의 욕구가 완전히 충족된 것 같지 않다. 만족하지 못한 왜가 가끔 신라 사신을 되돌려보내는 일도 있었던 모양이다. 사신이 와서 조금씩 감질나게 교류하는 것으로는 직접 교역에 비해 많은 것을 얻을 수 없었을 것이다.

이와 같은 일이 있은 후 왜의 긴메이천황(欽明天皇)은 죽으면서 후계자에게 이런 유언을 남겼다. "내 병이 심하니 이후의 일을 너에게 맡긴다. 너는 반드시 신라를 쳐서 임나를 세워 봉(封)하라."

왜가 원했던 임나부흥

이후 왜는 백제나 신라에 '임나를 부흥시키라'는 요구를 했다. 이와 관련된 기사들 중에는 도저히 신뢰할 수 없는 것들이 많지만, 전체적으로 보면 임나를 부흥시키고자 하는 왜의 의지에 관한 한 하나의 일관성은 엿볼 수 있다.

이 사안은 긴메이천황에서 스이코천황(推古天皇)까지 4대에 걸친 숙원 사업이었다. 그러므로 이에 대한 의지 표명까지 굳이 조작해 넣지는 않았을 것이다.

물론 이것이 글자 그대로 이미 해체되어버린 임나라는 연맹체를 다시 만들겠다는 뜻이 될 수는 없다. 왜의 처지에서는 정치적인 명분으로 그런 말을 할 수는 있으나 그대로 이루어질 가능성은 없었다. 그래도 과장이 있으나마 신라에 나름대로 압력은 넣었던 것 같다. 그렇지만 이는 백제가 추구했던 '임나재건'과는 내용이 달랐다.

백제에는 정치적·군사적 측면에서 임나의 기능이 중요했으므로 백제가 내세운 임나재건은 백제 중심의 동맹체 재건이었다. 반면 왜에 임나는 경제적·문화적 의미가 강한 교류의 창구로서 중요했다.

쉽게 말해 왜가 내세운 '임나부흥'이란, 임나가 없어지면서 임나에 설치된 왜 대표부도 없어졌으므로 창구 역할을 하는 대표부 기능을 회복시켜달라는 뜻이었다. 그만큼 왜는 교역 축소에 대한 위기의식을 깊게 가지고 있었다. 왜의 사정을 잘 알고 있던 백제와 신라는 한때 경쟁적으로 선진 문물 제공에 나섰다. 백제가 적극 불교문화를 왜에 전해준 시기도 이 무렵이다.

이때를 전후해서 '임나(또는 임나관가)를 세워야 한다'는 왜의 요구가 거세어졌다. 백제와 신라, 심지어 고구려까지 왜에 대한 외교전의 일환으로 경쟁을 벌이고 있던 이 시점이 한반도에 교역기지를 다시 확보할 수 있는 기회라고 판단했던 모양이다. 그렇지만 사태가 왜의 생각대로 풀려주지는 않았다.

신라가 자신들이 정복한 임나(가야) 지역에 대한 통제를 강화하기 시작한 것이 발단이었다. 562년 신라가 대가야를 멸망시키면서 임나가 해체되고 그 소속국들이 신라로 흡수되기 시작했지만, 정치적 복속이라는 것이 그렇게 하루아침에 이루어지지는 않는다.

교통과 통신 등 제반 여건이 발달하지 못한 당시로서는 비록 중심 세력이 멸망했다 하더라도 임나가 차지하고 있던 지역 전체에 대한 통제력을 한꺼번에 확보하기는 어렵다. 백제가 마한의 중심 세력을 제압하고도 잔여 세력을 완전히 흡수하는 데 수백 년의 세월이 필요했던 것과 마찬가지다.

신라가 통제를 강화하는 과정에서 간혹 정치적 이익이 달라 저항하는 임나의 잔여 세력이 나올 수 있다. 신라로서는 이들을 진압하지 않을 수 없다. 대가야가 멸망하고 임나가 해체된 이후에도 『일본서기』에 신라가 임나를 침략했다는 기록이 나타나는 이유가 바로 여기에 있다. 저항하는 임나의 잔여 세력을 힘으로 복속시키는 과정을 신라가 임나를 침략했다는 식으로 기록한 것이다.

신라와 임나 잔여 세력이 분쟁을 일으킬 때면 왜는 언제나 신라에 신경질적으로 반응했다. 신라가 완벽하게 통제하기 어려운 임나 잔여 세력은 여전히 왜에 중요한 정치적·경제적 파트너였다. 이 파트너가 없어지는 것이 왜에는 결코 유쾌한 일이 아니었기 때문이다.

더구나 신라가 임나 지역에 대한 통제력을 강화하는 과정에서 취한 정책은 백제와 달랐다. 백제는 정복한 가야 지역에 기존 유력자를 그대로 두고 협조를 구하는 방식을 취했다. 이 때문에 정복된 가야 소국은 충분한 자율권을 확보하고 있었고, 왜도 그들과 자유롭게 교류할 수 있었다. 오히려 백제는 임나를 만들면서 왜와 임나 소속 가야 소국들의 교류를 보장해주기까지 했다.

그러나 신라는 정복한 가야 소국들을 신라 군현으로 편성하고 직접 지배하는 방식을 택했다. 그러다 보면 군현으로 흡수된 가야 지역의 자율권은 줄어들기 쉽다. 왜가 긴메이천황 이후 자꾸 임나부흥을 외치게 된 것은 이러한 신라의 움직임과 무관하지 않다. 신라가 3세기경 가야 지역을 장악했을 때와 마찬가지로 왜가 타격을 받을 수 있는 상황이었기 때문이다.

가야 소멸 이후

신뢰할 만한 기록은 아니지만 『일본서기』에 신라를 정벌해서 항복을 받았다느니 하는 내용이 나타난다. 그러나 이번에는 3세기처럼 적대관계로 발전할 만큼 사태가 악화되지는 않았다.

여기에는 두 가지 원인이 있었다. 하나는 백제에 대한 불신 때문이다. 왜가 독자적인 힘만으로 문제를 해결할 수 없다는 것은 명백했다. 따라서 백제 같은 나라에 도움을 요청할 수밖에 없었다. 그러나 백제가 아무런 반대급부 없이 도와주리라고 기대하기는 힘들었다.

『일본서기』 기록에는 "신라를 정벌하고 임나를 취해 백제에 부속시키자"는 내용이 나온다. 물론 이것을 왜가 남의 땅을 마음대로 빼앗아 주고 싶은 대로 준다는 뜻으로 해석할 수는 없다. 실질적인 내용은 백제가 임나를 장악하도록 하는 편이 왜에 이익이 된다는 정도의 뜻이다. 다시 말해 백제에 의지해서 문제를 해결하자는 것이다.

이에 대해 "백제는 배반을 잘하는 나라로 잠깐 사이에도 속임수를 쓰니 임나를 백제에 부속시켜서는 안 된다"는 반론이 나온다. 이것 역시 백제를 믿을 수 없으니 다른 대책을 찾자는 뜻이다. 왜는 결국 백제에 의지하는 방법을 포기하고 말았다. 이 점은 백제와 신라 관계가 빈번하게 전쟁을 치르는 사이로 악화되었는데도 왜가 신라를 공격하지 않는 데서 알 수 있다.

이전과 달리 신라가 유연하게 대처해주었기 때문이다. 조선시대에 왜구의 출몰에 골치를 썩이던 조선 정부가 회유할 목적으로 세공선(歲貢船)을 보내준 일이 있었듯이, 신라도 비슷한 방법을 썼던 것이다. 나말(奈末) 같은 하위직 관리들이 파견된 것이 바로 이러한 정책의 일환이었다.

신라는 사신을 보내 왜의 욕구를 충족시켜주는 한편 왜와 장기간 교류한 옛 임나 소속 세력도 이용했다. 비록 대부분의 지역이 신라에 흡수되었다고는 하지만 완벽하게 통제하기 어려운 지역은 남기 마련이다. 이들에게 어느 정도 자치권만 보장해주고 왜와 교역을 묵인해주기만 하면 된다. 덕분에 왜는 옛 임나 지역 소국들과 교류를 계속할 수 있었다. 임나에 사신을 보냈다거나 임나의 사신이 와서 조(調)를 바쳤다는 식의 기록이 나타나는 것은 이 때문일 것이다.

그런데 이런 기록 때문에 임나가 한반도가 아니라 일본열도에 있었다는 식의 주장이 나오기도 한다. 임나뿐 아니라 백제가 멸망한 다음까지 백제 사신이 파견되므로 피상적으로만 보면 의문을 가지는 것이 무리는 아니다.

그러나 이것은 중앙정부의 소멸을 전체 세력권의 소멸과 같은 것으로 생각하기 때문에 나오는 오해일 뿐이다. 사비가 함락되어 의자왕(義慈王) 등 백제 왕족이 당나라로 잡혀가 백제 중앙정부가 무너진 때는 660년이지만 곧바로 백제는 부흥운동을 시작했다. 복신(福信)과 도침(道琛) 등이 왜에가 있던 부여풍(夫餘豊)을 맞아 재기를 시도했던 것이다.

부여풍은 왜에 볼모로 가 있었기 때문에 부흥운동을 하면서 왜의 지원을 얻으려고 했을 테니 백제 사신이 왕래하는 것은 당연하다. 부여풍이 몰락한 다음에도 백제 잔여 세력이 왜와 교류하는 것 또한 이상할 것이 없다. 임나가 소멸한 후까지 왜와 교류를 계속하는 기록은 실제로는 이런 형태였던 것 같다.

덕분에 신라는 3세기처럼 왜의 침략에 시달리는 일이 없어졌다. 이렇게 되자 백제는 임나를 잃은 상태에서, 또 신라가 왜에 협조적으로 태도를 바꾼 상황에서 마음대로 왜를 이용하기가 어려워졌다. 그렇다고 임나 지역에 대한 영향력을 완전히 상실한 이때 왜에 뾰쪽하게 압력을 넣을 만한 수단도 별로 없었다. 백제의 정책은 왜가 적대 세력으로 돌아서는 것을 막는 정도로 바뀌었다.

이후 백제는 왜와 우호관계를 유지하면서 자신들의 세력권에 들어온 임나의 일부 세력을 이용하기도 하고, 645년(고토쿠천황孝德天皇 대화大化 1) 때처럼 임나의 역할을 대신해주기도 한다. 하지만 왜가 예전과 같은 정도의 보답을 한 흔적은 없다.

신라가 박대하지 않는 상황에서 왜가 백제에 일방적으로 이용당하면서까지 협조할 필요성이 크게 줄었기 때문일 것이다. 이로써 임나가 소멸할 이후로는 백제가 멸망할 때 잠시 적극 개입한 것 외에 왜가 한반도의 사건에 개입하는 일이 크게 줄어들었다.

왜는 신라가 협조해주는 틈을 타서 본격적으로 교류의 폭을 넓히려는 노력에 박차를 가했다. 당에 파견되는 신라 사신에 왜의 사신도 같이 갈 수 있도록 해달라고 요구했던 것이다. 한두 번 거절하던 신라는 결국 왜의 요구를 들어주고 말았다.

이렇게 해서 왜는 중국의 당과 직접 교류하는 루트를 개발했다. 이른바 견당사(遣唐使)가 그것이다. 왜가 견당사를 보내면서부터 이후 한일관계에 평화로운 시대가 열렸다.

가야왕조실록

펴낸날	초판 1쇄 2016년 6월 30일

지은이	이희진
펴낸이	심만수
펴낸곳	(주)살림출판사
출판등록	1989년 11월 1일 제9-210호

주소	경기도 파주시 광인사길 30
전화	031-955-1350 팩스 031-624-1356
홈페이지	http://www.sallimbooks.com
이메일	book@sallimbooks.com

ISBN	978-89-522-3437-7 04080
ISBN	978-89-522-0096-9 04080 (세트)

이 도서의 국립중앙도서관 출판시도서목록(CIP)은 서지정보유통지원시스템 홈페이지
(http://seoji.nl.go.kr)와 국가자료공동목록시스템(http://www.nl.go.kr/kolisnet)에서
이용하실 수 있습니다.(CIP제어번호: CIP2016014516)

책임편집·교정교열 **성한경**

085 책과 세계

강유원(철학자)

책이라는 텍스트는 본래 세계라는 맥락에서 생겨났다. 인류가 남긴 고전의 중요성은 바로 우리가 가 볼 수 없는 세계를 글자라는 매개를 통해서 우리에게 생생하게 전해 주는 것이다. 이 책은 역사라는 시간과 지상이라고 하는 공간 속에 나타났던 텍스트를 통해 고전에 담겨진 사회와 사상을 드러내려 한다.

056 중국의 고구려사 왜곡   eBook

최광식(고려대 한국사학과 교수)

중국의 고구려사 왜곡의 숨은 의도와 논리, 그리고 우리의 대응 방안을 다뤘다. 저자는 동북공정이 국가 차원에서 진행되는 정치적 프로젝트임을 치밀하게 증언한다. 경제적 목적과 영토 확장의 이해관계 등이 복잡하게 얽혀 있는 동북공정의 진정한 배경에 대한 설명, 고구려의 역사적 정체성에 대한 문제, 고구려사 왜곡에 대한 우리의 대처방법 등이 소개된다.

291 프랑스 혁명   eBook

서정복(충남대 사학과 교수)

프랑스 혁명은 시민혁명의 모델이자 근대 시민국가 탄생의 상징이지만, 그 실상을 아는 사람은 많지 않다. 프랑스 혁명이 바스티유 습격 이전에 이미 시작되었으며, 자유와 평등 그리고 공화정의 꽃을 피기 위해 너무 많은 피를 흘렸고, 혁명의 과정에서 해방과 공포가 엇갈리고 있었다는 등의 이야기를 통해 프랑스 혁명의 실상을 소개한다.

139 신용하 교수의 독도 이야기   eBook

신용하(백범학술원 원장)

사학계의 원로이자 독도 관련 연구의 대가인 신용하 교수가 일본의 독도 영토 편입문제를 걱정하며 일반 독자가 읽기 쉽게 쓴 책. 저자는 역사적으로나 국제법상으로 실효적 점유상으로나, 어느 측면에서 보아도 독도는 명백하게 우리 땅이라고 주장하며 여러 가지 역사적인 자료를 제시한다.

144 페르시아 문화

신규섭(한국외대 연구교수)

인류 최초 문명의 뿌리에서 뻗어 나와 아랍을 넘어 중국, 인도와 파키스탄, 심지어 그리스에까지 흔적을 남긴 페르시아 문화에 대한 개론서. 이 책은 오랫동안 베일에 가려 있던 페르시아 문명을 소개하여 이슬람에 대한 편견과 오해를 바로 잡는다. 이태백이 이란계였다는 사실, 돈황과 서역, 이란의 현대 문화 등이 서술된다.

086 유럽왕실의 탄생

김현수(단국대 역사학과 교수)

인류에게 '예술과 문명' 그리고 '근대와 국가'라는 개념을 선사한 유럽왕실. 유럽왕실의 탄생배경과 그 정체성은 무엇인가? 이 책은 게르만의 한 종족인 프랑크족과 메로빙거 왕조, 프랑스의 카페 왕조, 독일의 작센 왕조, 잉글랜드의 웨섹스 왕조 등 수많은 왕조의 출현과 쇠퇴를 통해 유럽 역사의 변천을 소개한다.

016 이슬람 문화

이희수(한양대 문화인류학과 교수)

이슬람교와 무슬림의 삶, 테러와 팔레스타인 문제 등 이슬람 문화 전반을 다룬 책. 저자는 그들의 멋과 가치관을 흥미롭게 설명하면서 한편으로 오해와 편견에 사로잡혀 있던 시각의 일대 전환을 요구한다. 이슬람교와 기독교의 관계, 무슬림의 삶과 낭만, 이슬람 원리주의와 지하드의 실상, 팔레스타인 분할 과정 등의 내용이 소개된다.

100 여행 이야기

이진홍(한국외대 강사)

이 책은 여행의 본질 위를 '길거리의 철학자'처럼 편안하게 소요한다. 먼저 여행의 역사를 더듬어 봄으로써 여행이 어떻게 인류 역사의 형성과 같이해 왔는지를 생각하고, 다음으로 여행의 사회학적·심리학적 의미를 추적함으로써 여행에 어떤 의미를 부여할 것인가에 대해 말한다. 또한 우리의 내면과 여행의 관계 정의를 시도한다.

293 문화대혁명 중국 현대사의 트라우마

eBook

백승욱(중앙대 사회학과 교수)

중국의 문화대혁명은 한두 줄의 정부 공식 입장을 통해 정리될 수 없는 중대한 사건이다. 20세기 중국의 모든 모순은 사실 문화대혁명 시기에 집약되어 있다고 해도 과언이 아니다. 사회주의 시기의 국가·당·대중의 모순이라는 문제의 복판에서 문화대혁명을 다시 읽을 필요가 있는 지금, 이 책은 문화대혁명에 대한 안내자가 될 것이다.

174 정치의 원형을 찾아서

eBook

최자영(부산외국어대학교 HK교수)

인류가 걸어온 모든 정치체제들을 매우 짧은 기간 동안 시험하고 정비한 나라, 그리스. 이 책은 과두정, 민주정, 참주정 등 고대 그리스의 정치사를 추적하고, 정치가들의 파란만장한 일화 등을 소개하고 있다. 특히 이 책의 저자는 아테네인들이 추구했던 정치방법이 오늘 우리 사회가 당면한 문제를 해결할 수 있는 지혜의 발견에 도움을 줄 수 있을 것이라고 말한다.

420 위대한 도서관 건축순례

eBook

최정태(부산대학교 명예교수)

이 책은 도서관의 건축을 중심으로 다룬 일종의 기행문이다. 고대 도서관에서부터 21세기에 완공된 최첨단 도서관까지, 필자는 가능한 많은 도서관을 직접 찾아보려고 애썼다. 미처 방문하지 못한 도서관에 대해서는 문헌과 그림 등 가능한 많은 정보를 수집하려 노력했다. 필자의 단상들을 함께 읽는 동안 우리 사회에서 도서관이 차지하는 의미에 대해 다시 생각하게 된다.

421 아름다운 도서관 오디세이

eBook

최정태(부산대학교 명예교수)

이 책은 문헌정보학과에서 자료 조직을 공부하고 평생을 도서관에 몸담았던 한 도서관 애찬가의 고백이다. 필자는 퇴임 후 지금까지 도서관을 돌아다니면서 직접 보고 배운 것이 40여 년 동안 강단과 현장에서 보고 얻은 이야기보다 훨씬 많았다고 말한다. '세계 도서관 여행 가이드'라 불러도 손색없을 만큼 풍부하고 다채로운 내용이 이 한 권에 담겼다.

eBook 표시가 되어있는 도서는 전자책으로 구매가 가능합니다.

(주)살림출판사
www.sallimbooks.com
주소 경기도 파주시 문발동 522-1 | 전화 031-955-1350 | 팩스 031-955-1355